알기 쉽고 재미있는

중앙 한국어 워크북

2

알기 쉽고 재미있는

중앙 한국어 워크북 2(상·하)

초 판 1쇄 발행 2018년 6월 8일
수정판 3쇄 발행 2021년 12월 10일

저 자 | 이찬규 외
책임 편집 | 이훈, 조윤희, 이혜선, 차준우, 이찬희
발 행 | 중앙대학교
등 록 | 제14-1호(등록일: 1977. 8. 31.)
주 소 | 서울 동작구 흑석로 84
전 화 | (02)820-6137
전 송 | (02)822-5495

판매처 | (주)태학사
등 록 | 제406-2020-000008호
주 소 | 경기도 파주시 광인사길 217
전 화 | 031-955-7580
전 송 | 031-955-0910
전자우편 | thspub@daum.net
홈페이지 | www.thaehaksa.com

값은 뒤표지에 있습니다.

ISBN 978-89-7207-896-8 04710
978-89-7207-894-4 04710(set)

알기 쉽고 재미있는

중앙 한국어 워크북

2 상

차 례

1과 한국에 온 지 6개월이 되었어요

1. 그림에 맞는 직업을 골라 쓰십시오.

교수	교사	관광 안내원	기술자	번역가	변호사
비서	사장(= CEO)	외교관	작가	통역사	판사

교사

1) ____________

2) ____________

3) ____________

4) ____________

5) ____________

6) ____________

7) ____________

8) ____________

9) ____________

10) ____________

11) ____________

2. 다음 ______________에 들어갈 말은 무엇입니까? 단어를 골라 맞게 쓰십시오.

꿈	되다	외우다	입학하다	졸업하다	취직하다	전공

1) 연아 씨는 20살입니다. 작년에 고등학교를 ______________. 그리고 올해 대학교에 ______________.

2) 민호 씨는 24살입니다. 작년에 대학교를 ______________고 올해 한국 회사에 ______________.

3) 왕명 씨는 대학교에서 4년 동안 신문 방송학을 배웠습니다. 왕명 씨의 __________은 신문 방송학입니다.

4) 나는 대학교 국어 국문학과를 졸업한 후에 한국어 선생님이 __________고 싶습니다.

5) 미진 씨는 나중에 작가가 되고 싶습니다. 미진 씨의 ________은 작가가 되는 것입니다.

6) 가: 왕명 씨는 어떻게 한국어를 공부해요?
   나: 저는 책에 있는 단어를 ______________.
   그리고 한국 노래를 들으면서 가사도 ______________.
   가: 맞아요. 책에 있는 중요한 단어는 __________야 해요.

3. 다음 표를 완성하십시오.

기본형	-(으)ㄴ 지	기본형	-(으)ㄴ 지
가다	간 지	먹다	
오다		끊다	
보다		닫다	
만나다		받다	
사귀다		잡다	
배우다		*듣다	
피우다		*걷다	
가르치다		*묻다	
기다리다		*울다	
끝나다		*놀다	
자르다		*살다	
시작하다		*알다	
이사하다		*만들다	
공부하다		*돕다	
취직하다		*눕다	

4. 다음의 문장을 '-(으)ㄴ 지'로 바꿔 써 보십시오.

1) 여섯 달 전에 한국에 왔습니다.

➡ ______________________________.

2) 5년 전에 고향 친구를 만났습니다. 그리고 그 후에는 만나지 못했습니다.

➡ ______________________________.

3) 커피숍에서 두 시간 동안 친구를 기다리고 있습니다.

➡ ______________________________.

4) 5분 전에 버스가 출발했습니다.

➡ ______________________________.

5) 20분 전에 수업이 끝났습니다.

➡ ______________________________.

6) 이 집으로 한 달 전에 이사했습니다.

➡ ______________________________.

7) 영민 씨를 2년 전부터 알았습니다.

➡ ______________________________.

5. 다음 표를 완성하십시오.

기본형	–(으)려고	기본형	–(으)려고
가다	가려고	취직하다	
보다		잘하다	
타다		*듣다	
주다		*묻다	
만나다		*걷다	
가르치다		잡다	
되다		*돕다	
자르다		*줍다	
배우다		*놀다	
찍다		*살다	
읽다		*알다	
입학하다		*열다	
–지 않다		*팔다	

6. 다음 표를 완성하십시오.

기본형	-는	기본형	-는
오다	오는	먹다	
보다		읽다	
자다		찍다	
타다		듣다	
일어나다		묻다	
만나다		걷다	
가르치다		잡다	
기다리다		*놀다	
사귀다		*살다	
모르다		*알다	
배우다		*열다	
잘하다		*팔다	
전공하다		돕다	
이야기하다		줍다	
있다		없다	

7. '-는'을 사용해서 다음 질문에 대답해 보십시오.

1) 가: 좋아하는 노래가 뭐예요?

나: ______________________________.

2) 가: 좋아하는 가수가 / 영화배우가 / 사람이 누구예요?

나: ______________________________.

3) 가: 요즘 많이 듣는 노래 제목이 뭐예요?

나: ______________________________.

4) 가: 요즘 자주 먹는 음식이 뭐예요?

나: ______________________________.

5) 가: 요즘 자주 가는 곳이 어디예요?

나: ______________________________.

6) 가: 지금 살고 있는 곳이 어디예요?

나: ______________________________.

7) 가: 제일 잘하는 운동이 뭐예요?

나: ______________________________.

다음 대화를 듣고 (   )에 쓰십시오.

제임스: 안녕하세요? 저는 제임스입니다. 영국 사람입니다. 제가 (   ) 학교는 중앙대학교입니다. 중앙대학교에서 (   )을 (   )하고 있습니다. 제가 제일 (   ) 것은 한국 문화입니다. 그래서 대학원에서 한국 역사를 (   ) 요즘 대학원 시험을 준비하고 있습니다. 대학원을 졸업한 후에 한국을 여러 나라에 소개하는 일을 하고 싶습니다.

린 다: 안녕하세요? 저는 린다예요. 미국에서 왔어요. 한국에 온 지 3개월 됐어요. 미국에서 대학교를 (   ) 한국에 왔어요. 대학교에서는 (   )을 (   )했어요. 지금 한국에서 변호사 사무실에서 일하고 있어요. 낮에는 변호사 사무실에서 일하고 밤에는 (   ) 한국어를 배우고 있어요. 한국어가 어렵지만 재미있어요. 한국에서 3년 일한 다음에 미국에 돌아갈 거예요. (   )가 되려고 해요.

왕 명: 저는 왕명이라고 합니다. 중국 사람이에요. (   )년 전에 한국에 왔고, 한국어교육원에서 한국어를 (   ) 6개월이 조금 (   ). 저는 한국에서 (   )가 되고 싶어요. 중앙대학교에 (   ) 영화배우가 많이 있어요. 그래서 중앙대학교 (   )에 (   ) 지금 열심히 한국어를 공부하고 있어요.

2과 친구들에 대해서 이야기해 주세요

1. 다음 빈칸에 맞는 말을 쓰십시오.

기본형	-(으)ㄴ	기본형	-(으)ㄴ
가다	간	*듣다	
오다		*걷다	
보다		*묻다	
사다		*살다	
만나다		*만들다	
먹다		*열다	
찍다		*걸다	
받다		*팔다	
입다		*줍다	
읽다		*돕다	
공부하다		가지 않다	
좋아하다		먹지 않다	
운동하다		하지 않다	

2. 〈보기〉와 같이 '-(으)ㄴ'을 사용해서 두 문장을 연결하십시오.

보기

어제 봤어요. 그 영화가 재미있었어요.

➡ 어제 **본** 영화가 재미있었어요.

1) 어제 점심에 먹었어요. 그 음식 이름이 뭐예요?

➡ ______________________________.

2) 여름에 제주도에서 찍었어요. 그 사진을 보고 싶어요.

➡ ______________________________.

3) 어제 학교에 오지 않았어요. 학생이 몇 명이에요?

➡ ______________________________.

4) 지난주에 빌렸어요. 그 책을 다 읽었어요?

➡ ______________________________.

5) 길에서 주웠어요. 그 돈을 어떻게 했어요?

➡ ______________________________.

6) 지수 씨한테서 들었어요. 그 이야기를 해 주세요.

➡ ______________________________.

7) 어머니가 만들었어요. 그 김밥이 아주 맛있어요.

➡ ______________________________.

3. 다음 ________에 '에 대해서'와 '에 대한' 것 중 맞는 것을 쓰십시오.

1) 가: 마이클 씨, 제 자동차가 요즘 자주 고장 나요. 자동차________ 잘 아세요?
   나: 아니요, 잘 몰라요.

2) 가: 어제 서점에서 책을 샀어요? 어떤 책이에요?
   나: 한국 음식________ 책이에요. 한국 음식을 배우고 싶어서 샀어요.

3) 가: 무슨 음악을 듣고 있어요?
   나: 클래식 음악을 듣고 있어요. 요즘 클래식 음악________ 관심이 생겼어요.

4) 가: 주영 씨, 피터 씨________ 어떻게 생각하세요?
   나: 좋은 사람이라고 생각해요.

5) 가: 어제 본 영화가 재미있었어요? 무엇에 ________ 영화예요?
   나: 두 사람의 사랑________ 영화인데 정말 재미있었어요.
   준수 씨도 꼭 보세요.

6) 가: 왕명 씨는 한국 문화를 잘 아시는군요.
   나: 네, 대학교 다닐 때 한국 문화________ 배웠어요.

7) 가: 오늘 신문 읽으셨어요? 우리 학교________ 기사가 있었어요.
   나: 네, 저도 우리 학교________ 기사를 읽었어요.

4. 다음 빈칸에 맞는 말을 쓰십시오.

기본형	-는데/-(으)ㄴ데	-았/었는데
가다	가는데	갔는데
보다		
입다		
쓰다		
듣다		
걷다		
만들다		
모르다		
있다		
없다		
비싸다		
크다		
좁다		
멀다		
맵다		
같다		
	(이)ㄴ데/인데	였는데/이었는데
의사이다		
선생님이다		

5. 〈보기〉와 같이 '-는데', '-았/었는데'를 사용해서 다음 단어를 맞게 고치십시오.

> **보기**
>
> 준호 씨는 **중국 사람인데** 한국에서 공부하고 있어요.
> (중국 사람이다)

1) 어제 동대문 시장에 ______________ 사람들이 아주 많았어요.
(가다)

2) 우리 언니는 ______________ 남학생들한테서 인기가 많아요.
(대학생이다)

3) 학교 앞 식당에서 중국 음식을 ______________ 아주 맛있어요.
(팔다)

4) 저는 동생이 두 명 ______________ 모두 초등학교에 다니고 있어요.
(있다)

5) 어제 리사 씨가 샌드위치를 ______________ 아주 맛있었어요.
(만들다)

6) 지난주에 친구가 준 CD를 ______________ 좋은 노래가 많이 있었어요.
(듣다)

7) 영주 씨는 머리가 ______________ 다음 주에 자르려고 해요.
(길다)

6. 다음 빈칸에 맞는 말을 쓰십시오.

기본형	-군요/는군요	-았/었군요
가다	가는군요	갔군요
보다		
사다		
쓰다		
듣다		
걷다		
만들다		
팔다		
알다		
모르다		
자르다		
비싸다		
피곤하다		
춥다		
맵다		
길다		
달다		
다르다		
있다		
없다		
(의사)이다		
(학생)이다		

7. 〈보기〉와 같이 '-군요/는군요', '-았/었군요'를 사용해서 문장을 만드십시오.

보기

가: 제 남자 친구 사진이에요.

나: 남자 친구가 정말 **잘생겼군요!** (잘생겼다)

1) 가: 어제 파티가 정말 재미있었어요.

나: 아, 그럼 수미 씨도 어제 파티에 ________________! (가다)

2) 가: 저 학생이 준호 씨예요.

나: 아, 저 사람이 ________________! (준호 씨)

3) 가: 요코 씨의 아버지는 한국 사람이에요.

나: 그래서 요코 씨가 한국말을 ________________! (잘하다)

4) 가: 지난주에 윤호 씨와 피터 씨가 싸웠어요.

나: 그래서 두 사람이 요즘 서로 ________________! (말을 하지 않다)

5) 가: 어제 시험이 끝났어요.

나: 그래서 오늘 도서관에 ________________! (사람이 없다)

6) 가: 제 초등학교 때 사진이에요.

나: 초등학교 때는 ________________! (키가 작다)

7) 가: 수영 씨와 현지 씨는 고등학생 때부터 친구예요.

나: 그래서 두 사람이 ________________! (친하다)

8. 〈보기〉와 같이 '-군요/는군요', '-았/었군요'를 사용해서 문장을 만드십시오.

> **보기**
>
> 밖에 비가 **오는군요!** (비가 오다)

1) 수미 씨가 많이 ______________________________!

(아프다)

2) 준호 씨 여자 친구가 ______________________________!

(예쁘다)

3) 다니엘 씨가 ______________________________!

(운동을 열심히 하다)

4) 화장실 물이 ______________________________!

(안 내려가다)

5) 왕명 씨가 ______________________________!

(한국 노래를 잘하다)

6) 일요일이라서 극장에 ______________________________!

(사람이 많다)

7) 시험이 정말 ______________________________!

(어려웠다)

다음 대화를 듣고 (   )에 쓰십시오.

남: 진진 씨, 지난주에 이사했지요? 그런데 왜 갑자기 이사를 했어요?

여: 같이 사는 친구 영미 씨와 (   ) 힘들었어요.
영미 씨는 저에게 물어보지 않고 친구들을 데리고 오고 파티도 많이 했어요.

남: (   )? 친구들을 집에 초대하기 전에 (   ) 친구한테 (   )…….

여: 네, (   ). 그리고 영미 씨는 청소도 하지 않았어요. 파티를 한 후에, 그리고 샤워를 한 후에 청소를 하지 않아서 제가 항상 청소를 해야 했어요.

남: 영미 씨는 진진 씨와 많이 달랐군요.

여: 네, 영미 씨는 공부보다 (   )을 좋아했어요. 그렇지만 저는 다음 학기에 대학교에 (   ) 해서 공부를 열심히 하고 싶었어요.

남: 지금 같이 사는 친구는 (   )? 진진 씨와 (   )?

여: 네, 같이 사는 사람이 2명 (   ) 모두 다 착하고 친절해요. 학교 공부도 열심히 하고요. 식사 준비도 같이 하고 청소나 집안일도 같이 해요.

남: 취미는 어때요? (   )?
취미가 다르면 같이 사는 것이 (   ).

여: 취미도 (   ). 저는 영화 보는 것과 (   )을 (   ) 친구들도 그래요. 그래서 우리는 수업 후나 주말에 여러 가지 일을 같이 해요.

남: 정말 진진 씨와 잘 (   ) 친구들이군요.

3과 한국 생활에 익숙해져서 재미있어요

1. 다음 표를 완성하십시오.

기본형	-(으)ㄹ	기본형	-(으)ㄹ
가다	갈	쓰다	
만나다		요리하다	
마시다		여행하다	
보다		*듣다	
사다		*걷다	
주다		*만들다	
먹다		*살다	
읽다		*팔다	
입다		부르다	

2. 〈보기〉와 같이 '-(으)ㄹ'을 사용해서 문장을 완성하십시오.

보기

가: 오늘 백화점에서 무엇을 살 거예요?

나: 동생에게 **줄** 선물을 살 거예요. (주다)

1) 가: 우리 내일 만날까요?

나: 내일은 ________ 일이 많으니까 주말에 만납시다. (하다)

2) 가: 누구와 전화 통화를 했어요?

나: 내일 ________ 사람하고 통화했어요. (만나다)

3) 가: 이거 뭐예요?

나: 우리가 내일 파티에서 ________ 노래예요. (듣다)

4) 가: 지금 무엇을 찾고 있어요?

나: 내일 수업 시간에 ________ 내용을 찾고 있어요. (발표하다)

5) 가: 내일 우리가 어느 박물관에 가요?

나: 내일 우리가 ________ 곳은 김치 박물관이에요. (가다)

6) 가: 이번 여행에 우리가 ________ 것이 있어요? (준비하다)

나: 내일 올 때 여권을 가지고 오세요.

3. '-거나'를 사용해서 대화를 만드십시오.

1) 가: 언제 고향에 돌아가고 싶어요?

나: ________거나 ________(으)ㄹ 때 돌아가고 싶어요.

2) 가: 보통 방학 때 뭐해요?

나: ____.

3) 가: 한국어 말하기 공부를 어떻게 해요?

나: ____.

4) 가: 어떤 남자 / 여자 친구와 사귀고 싶어요?

나: ____.

5) 가: 어제 술을 많이 마셔서 배가 아파요.

나: 그러면 ____________________________________(으)세요.

6) 가: 친구를 만나면 보통 뭐 해요?

나: ____.

4. 다음 표를 완성하십시오.

기본형	-아/어져요	-아/어졌어요
많다	많아져요	많아졌어요
좋다		
*나쁘다		
*예쁘다		
*크다		
*바쁘다		
건강하다		
깨끗하다		
편하다		
따뜻하다		
익숙하다		
조용하다		
*시끄럽다		
*춥다		
*덥다		
*맵다		
*어렵다		
*쉽다		
*다르다		
멀다		
재미있다		

5. '-아/어지다'를 사용해서 문장을 완성하십시오.

1) 가: 기분이 안 좋을 때 무엇을 해요?

나: 저는 노래를 불러요. 노래를 부르면 기분이 ___________. (좋다)

2) 가: 수진 씨의 남자 친구를 봤어요?

나: 네, 수진 씨가 요즘 남자 친구가 생겨서 많이 ___________. (예쁘다)

3) 가: 나타샤 씨, 요즘은 혼자 지하철을 탈 수 있어요?

나: 네, 탈 수 있어요. 처음에는 복잡했는데 이제는 많이 ___________. (익숙하다)

4) 가: 에릭 씨, 요즘 마이클 씨를 자주 만나요?

나: 아니요, 잘 못 만나요. 마이클 씨가 회사에 취직한 후에 ___________. (바쁘다)

5) 가: 한국어 발음이 너무 어려워요.

나: 걱정하지 마세요. 매일 연습하면 ___________. (좋다)

6) 가: 오늘 날씨가 춥지요?

나: 네, 어제는 날씨가 따뜻했는데 ___________. (춥다)

7) 가: 호앙 씨, 이사했지요? 새집이 어때요?

나: 집은 좋은데 학교에서 ___________. (멀다)

6. 다음 〈보기〉와 같이 '-기'를 사용해서 문장을 완성하십시오.

보기

가: 요즘 한국어 2급 공부하기가 어때요?

나: 한국어 공부가 재미있는데 **말하기가 어려워요**. (말하다 / 어렵다)

1) 가: 마이클 씨, 순두부를 좋아해요?

나: 네, 순두부는 맵지 않아서 ____________________. (먹다 / 좋다)

2) 가: 이 신발은 무거워서 ____________________. (신다 / 불편하다)

나: 그럼 이 신발을 사세요. 가벼워서 편해요.

3) 가: 그 서점이 멀어요?

나: 아니요, 멀지 않고 지하철 옆이라 ____________________. (찾다 / 쉽다)

4) 가: 학교에 버스로 와요?

나: 아니요, 아침에는 버스에 사람이 많아서 ____________________. (타다 / 나쁘다)

5) 가: 비행기 표를 인터넷으로 예매할 수 있어요?

나: 네, 인터넷으로 예매하면 ____________________. (예매하다 / 편하다)

6) 가: 지금 친구와 같이 살아요?

나: 아니요, 혼자 살아요. 집이 작아서 같이 ____________________. (살다 / 힘들다)

다음 대화를 듣고 (   )에 쓰십시오.

수　미: 마이클 씨, 뭐 (   )?

마이클: 저는 김치찌개를 먹겠어요.

수　미: 김치찌개요? 안 매워요?

마이클: 조금 맵지만 맛있어요.

수　미: 그래요? 저는 한국 사람이지만 매운 음식을 잘 못 먹어요. 그런데 마이클 씨는 한국에 오기 전에 김치를 먹어 봤어요?

마이클: 아니요, 한국에서 (   ) 먹어 봤어요.

수　미: 그럼 미국에서도 매운 음식을 잘 먹었어요?

마이클: 아니요, 처음에는 한국 음식이 매워서 한국 생활이 힘들었어요. 그런데 요즘은 한국 음식이 (   ). 제일 좋아하는 음식이 김치찌개예요.

수　미: 지금도 한국 생활이 힘들어요?

마이클: 아니요, 재미있어요. 이제는 한국 생활에 (   ) 혼자 지하철도 타고 혼자 쇼핑도 할 수 있어요. 그런데 (   ) 때는 고향에 가고 (   ). 고향 음식도 먹고 싶고요.

수　미: 마이클 씨, 한국 생활이 심심하거나 (   )는 저한테 연락하세요. 같이 놀러 (   ) 맛있는 음식을 먹으러 가요.

4과 컴퓨터가 고장 났는데 어떻게 해야 해요?

1. '-(으)ㄹ 줄 알다 / 모르다'를 사용해서 대화를 완성하십시오.

1) 가: 마이클 씨, 컴퓨터를 ______________________? (고치다)
   나: 잘 모르지만 한번 고쳐 보겠어요.

2) 가: 수진 씨, 한자를 ______________________? (읽다)
   나: 아니요, 한자를 배우지 않았어요.

3) 가: 이 사전을 ______________________. (사용하다)
   어떻게 사용해요?
   나: 설명서를 읽어 보세요.

4) 가: 젓가락을 ______________________? (쓰다)
   나: 네, 우리나라에서도 젓가락으로 식사해요.

5) 가: 한국 음식을 ______________________? (만들다)
   나: 아니요, __________________________________.

6) 가: 왕영 씨, 수영을 ______________________? (하다)
   나: 그럼요, 고등학생 때 수영 선수였어요.

2. 알맞은 것을 연결하고 '-(으)ㄴ/는데'를 사용해서 문장을 만드십시오.

1) 휴대폰이 고장 났어요. •	• 여러분 나라에서는 무엇을 먹어요?
2) 설날에 한국에서는 떡국을 먹어요. •	• 어떻게 해야 해요?
3) 지금 식사하러 가요. •	• 도와주시겠어요?
4) 숙제가 어려워요. •	• 같이 갈까요?
5) 호앙 씨에게 전화하고 싶어요. •	• 도서관에 들어갈 수 있어요?
6) 학생증이 없어요. •	• 전화번호를 알아요?

1) ______________________________

2) ______________________________

3) ______________________________

4) ______________________________

5) ______________________________

6) ______________________________

3. '-(으)ㄴ/는데'를 사용해서 대화를 완성하십시오.

1) 가: 화장실의 물이 ________________ 어떻게 해요? (안 내려가다)

나: 관리실에 전화해야 해요.

2) 가: 어제 휴대폰을 ________________ 어떻게 해요? (잃어버리다)

나: 휴대폰 회사에 전화를 걸어 사용 정지를 해야 해요.

3) 가: 통장 비밀번호를 ________________ 어떻게 해요? (잊어버리다)

나: 비밀번호를 다시 만들어야 합니다.

4) 가: 인터넷이 ________________ 어떻게 해요? (안 되다)

나: 인터넷 회사의 소비자 센터에 전화를 걸어야 해요.

5) 가: 선생님, 오늘 숙제를 안 ________________ 어떻게 해요? (가지고 오다)

나: 내일까지 가지고 오세요.

4. 다음과 같이 '-는 게 어때요?'를 사용해서 문장을 완성하십시오.

1) 가: 이 옷을 살까요?

나: 사기 전에 한번 ______________________?

2) 가: 한국어 듣기가 너무 어려워요.

나: 매일 ______________________?

3) 가: 감기약을 먹었는데 감기가 낫지 않아요.

나: ______________________?

4) 가: 날씨가 좋으니까 ______________________?

나: 좋아요. 같이 해요.

5) 가: 요즘 매일 피곤해요.

나: 그래요? 그러면 ______________________?

6) 가: 머리가 아파서 일을 못 하겠어요.

나: ______________________?

5. '-는 게 어때요?'를 사용해서 친구에게 조언해 주십시오.

1)

"감기에 걸렸어요."

- 병원에 가 보는 게 어때요?
- ______________________
- ______________________

2)

"요즘 건강이 안 좋아요."

- ______________________
- ______________________
- ______________________

3)

"여자 친구 생일이에요."

- ______________________
- ______________________
- ______________________

4)

"한국어가 어려워요."

- ______________________
- ______________________
- ______________________

6. '-는 게 좋겠어요'를 사용해서 대화를 완성하십시오.

보기

가: 고속 터미널까지 지하철을 타고 갈까요?

나: 가방이 무거우니까 택시를 타고 **가는 게 좋겠어요**.

1) 가: 내일 시간 있으면 영화 보러 극장에 같이 가요.

나: 다음 주에 시험이 있으니까 ____________________.

2) 가: 같이 술 마시겠어요?

나: 아니요, 밤 11시가 넘었으니까 ____________________.

3) 가: 미호 씨에게 무슨 일 있어요? 요즘 왜 학교에 안 와요?

나: 잘 모르겠어요. 진수 씨가 미호 씨와 친하니까
진수 씨에게 ____________________.

4) 가: 이 식당은 김치찌개가 맛있는데 그걸 드시겠어요?

나: 저는 매운 음식을 못 먹으니까 ____________________.

5) 가: 진수 씨, 많이 피곤하면 먼저 퇴근하세요.

나: 네, 제가 감기에 걸려서 지금 ____________________.

6) 가: 휴대폰이 고장 났군요. 새것을 ____________________.

나: 새 휴대폰은 너무 비싸요. 수리 센터에서 고칠 수 있어요.

7. 다음에서 알맞은 단어를 사용해서 ________에 맞게 쓰십시오.

고장 나다	수리하다	물이 안 나오다
분실 신고를 하다	사용 정지하다	불이 안 들어오다

1) 친구에게 전화를 했는데 소리가 안 들려요. 휴대폰이 ______________.

2) 지난주에 산 노트북이 고장 나서 서비스 센터에 가지고 가서 ______________.

3) 어제 샤워를 하는데 뜨거운 ______________.
그래서 찬물로 샤워를 해서 감기에 걸렸어요.

4) 어제 숙제를 하려고 방의 불을 켰는데 ______________.
그래서 새 전구로 바꿨어요.

5) 명동에서 지갑을 잃어버렸어요.
제일 먼저 신용 카드 회사에 전화를 해서 카드 ______________.
그리고 카드 ______________. 이렇게 하면 다른 사람이 사용할 수 없어요.

다음 대화를 듣고 (　　　　)에 쓰십시오.

여: 안녕하십니까? 서비스 센터입니다. 무엇을 도와 드릴까요?

남: 휴대폰을 (　　　　　　　　　　).

여: 먼저 (　　　　　)하고 주민 등록 번호를 말씀해 주시겠습니까?

남: 제 이름은 왕명입니다. 그리고 저는 외국인이라서 주민 등록 번호가 없어요.

여: 그러면 여권 번호나 (　　　　　　　　　　　　　)를 말씀해 주시겠습니까?

남: 외국인 등록 번호가 KL 20000123입니다.

여: (　　　　　) 감사합니다. 그러면 휴대폰 (　　　　　　　　)를 하시겠습니까?

남: (　　　　　　　　)를 하면 어떻게 돼요?

여: (　　　　　　　　)를 하시면 다른 사람이 휴대폰을 (　　　　　)할 수 없습니다.

남: 네, 알겠습니다. 그럼 (　　　　　　　　)를 해 주세요.

여: 휴대폰을 찾으시면 다시 (　　　　　　　　　)에 전화하셔서 (　　　　　　　)를 (　　　　)하세요. 그러면 바로 (　　　　　)하실 수 있습니다.

남: (　　　　　　　　)를 (　　　　　　) 후에도 (　　　　　　　　)를 사용할 수 있습니까?

여: 물론입니다.

5과 7호선을 타고 가다가 이수역에서 갈아타세요

1. 〈보기〉와 같이 '-(으)ㄹ 거예요'를 사용해서 대답하십시오.

> **보기**
> 가: 미영 씨가 집에 있어요?
> 나: 일요일이니까 아마 <u>집에 **있을 거예요**</u>.

1) 가: 왕명 씨가 시험을 잘 봤어요?
   나: 공부를 열심히 했으니까 ____________________.

2) 가: 제인 씨, 한국어 수업이 언제 끝나요?
   나: 보통 1시에 끝났는데 지금 1시 5분이니까 ____________________.

3) 가: 영수 씨는 집에서 무엇을 하고 있어요?
   나: 영수 씨는 아마 ____________________.

4) 가: 제인 씨, 내일 파티에 수미 씨가 가요?
   나: 글쎄요. 잘 모르겠지만 다른 약속이 없으니까 아마 ____________________.

5) 가: 무슨 영화가 재미있어요?
   나: 이 영화에 인기 있는 영화배우가 나오니까 ____________________.

6) 가: 은행에 돈을 찾으러 가야 해요.
   나: 은행 문을 4시에 닫아요. 지금 4시 10분이니까 문을 ____________________.

7) 가: 어제부터 몸이 아파요.
   나: 약을 먹고 푹 쉬세요. 그럼 ____________________.

2. 〈보기〉와 같이 '-(으)ㄹ까요?'를 사용해서 질문을 만드십시오.

보기

가: 서울에서 부산까지 얼마나 걸릴까요?

나: 6시간 정도 걸려요.

1) 가: 이 빨간색 코트가 저에게 ____________________?

나: 네, 잘 어울릴 거예요. 입어 보세요.

2) 가: 내일까지 이 책을 ____________________?

나: 얼마 안 남았으니까 읽을 수 있을 거예요.

3) 가: 내일 날씨가 ____________________?

나: 어제 비가 왔으니까 덥지 않을 거예요.

4) 가: 학교 앞에 있는 식당의 음식이 ____________________?

나: 손님이 항상 많으니까 맛있을 거예요.

5) 가: 우체국에 사람이 ____________________?

나: 연말이라서 사람이 많을 거예요.

6) 가: 수영 씨가 언제 ____________________?

나: 한 시간 전에 출발했으니까 조금 있으면 도착할 거예요.

3. 〈보기〉와 같이 '-(으)ㄹ까요?'를 사용해서 문장을 만드십시오.

보기

가: 지연 씨가 학교에 올까요? (오다)
나: 감기에 걸렸으니까 학교에 못 올 거예요.

1) 가: 이 옷이 저한테 ______________? (맞다)
나: 한번 입어 보세요. 잘 맞을 거예요.

2) 가: 설날에 백화점이 문을 ______________? (열다)
나: 작년에도 열었으니까 아마 열 거예요.

3) 가: 제인 씨가 대학교 입학시험에 ______________? (합격했다)
나: 평소에 열심히 했으니까 아마 합격했을 거예요.

4) 가: 지금 밤 11시인데 안나 씨가 전화를 ______________? (받다)
나: 한번 해 보세요. 받을 거예요.

5) 가: 151번 버스가 남대문에 ______________? (가다)
나: 지난주에 남대문에서 그 버스를 봤어요. 아마 남대문에 갈 거예요.

4. 〈보기〉와 같이 '-다가'를 사용해서 두 문장을 연결하십시오.

보기

서울에서 살았어요. 대전으로 이사했어요.

➡ 서울에서 **살다가** 대전으로 이사했어요.

1) 음악을 들었어요. 잤어요.

➡ ______________________________.

2) 공부를 했어요. 텔레비전을 봤어요.

➡ ______________________________.

3) 지연 씨는 빨래를 했어요. 전화를 받았어요.

➡ ______________________________.

4) 지난주에 농구를 했어요. 팔을 다쳤어요.

➡ ______________________________.

5) 안나 씨가 영화를 봤어요. 재미없어서 밖으로 나왔어요.

➡ ______________________________.

6) 똑바로 가세요. 사거리에서 오른쪽으로 가세요.

➡ ______________________________.

5. 〈보기〉와 같이 'N 때문에', '-기 때문에'를 사용해서 질문에 대답하십시오.

보기

가: 왜 택시를 타요?

나: **늦었기 때문에** 택시를 타요.

1) 가: 이 가수가 왜 인기가 많아요?

나: 노래도 잘하고 ______________________. (예쁘다)

2) 가: 한국 생활이 왜 힘들어요?

나: ______________________. (매운 음식)

3) 가: 아침에 왜 늦게 일어났어요?

나: ______________________. (어제 늦게 자다)

4) 가: 왜 약을 먹어요?

나: ______________________. (감기)

5) 가: 왜 늦었어요?

나: 주말이라서 ______________________. (길이 막히다)

6) 가: 그 식당에 왜 자주 가요?

나: ______________________. (음식이 맛있다)

6. 〈보기〉와 같이 '-기 때문이다'를 사용해서 대답하십시오.

보기

가: 이 식당에는 항상 손님이 많군요.

나: 음식이 **맛있기 때문이에요**.

1) 가: 도서관에 왜 사람이 많아요?

나: ______________________. (시험 기간이다)

2) 가: 지영 씨, 왜 기분이 안 좋아요?

나: ______________________. (시험을 못 봤다)

3) 가: 소영 씨는 왜 친구가 많아요?

나: ______________________. (친절하다)

4) 가: 카일 씨는 왜 한국어를 잘해요?

나: ______________________. (한국에서 오래 살았다)

5) 가: 아프지 않은데 왜 병원에 가요?

나: ______________________. (친구가 병원에 입원했다)

6) 가: 왜 그렇게 음식을 많이 준비해요?

나: ______________________. (손님이 많이 오시다)

7. 다음에서 단어를 골라 'N 때문에'를 사용해서 ________에 넣으십시오.

드라마	약속	공사	스트레스	일	선물	발표 준비

1) 가: 은정 씨, 저와 점심을 같이 먹어요.
   나: 미안해요. 제가 오늘 다른 ________ 때문에 일찍 가야 해요.

2) 가: 제임스 씨, 왜 이렇게 늦었어요?
   나: ________ 때문에 길이 막혔어요.

3) 가: 사람들이 요즘 왜 그렇게 일찍 퇴근해요?
   나: 재미있는 ________ 때문에 일찍 집에 가요.

4) 가: 왕명 씨, 어디에 가요?
   나: ________ 때문에 도서관에 가요.

5) 가: 내일 친한 친구의 생일이라서 ________ 때문에 고민이 많아요.
   뭐가 좋을까요?
   나: 책을 사 주는 게 어떨까요?

6) 가: 왜 이렇게 살이 빠졌어요?
   나: ________ 때문에 요즘 살이 계속 빠져요.

7) 가: 한국에 왜 왔어요? 한국어를 배우러 왔어요?
   나: 아니요, ________ 때문에 왔어요.

다음 대화를 듣고 (   )에 쓰십시오.

줄리아: 알렉스 씨, 오늘 왜 지각을 했어요?

알렉스: 지하철을 타고 (   ) 잠이 들었어요.

줄리아: 많이 (   )! 어제 잠을 못 잤어요?

알렉스: 네, 어제 (   ) 잠을 못 잤어요. 그런데 줄리아 씨도 한국에서 실수를 해 봤어요?

줄리아: 그럼요. 한국에 온 지 얼마 (   ) 미도리 씨와 명동에 (   ). 저와 미도리 씨는 걷는 것을 (   ) 때문에 지하철을 타지 않고 버스를 탔어요.

알렉스: 명동에는 잘 도착했어요?

줄리아: 아니요, 버스를 탄 지 한 시간이 (   ) 명동에 도착하지 않았어요.

알렉스: 버스를 잘못 탔군요.

줄리아: 아니에요. 명동에 가는 버스를 탔는데 명동에서 내리지 못했어요. 미도리 씨하고 재미있는 이야기를 (   ) 안내 방송을 듣지 못했어요.

알렉스: 그래서 어떻게 했어요?

줄리아: 그다음 정류장에서 내려서 명동까지 걸어갔어요.

알렉스: (하하) 많이 (   )!

줄리아: 다리도 아프고 시간도 많이 (   ) 서울 구경을 해서 재미있었어요.

6과 통장을 만드는 데 시간이 얼마나 걸려요?

1. 다음 빈칸에 맞는 말을 쓰십시오.

기본형	-아/어도 돼요	기본형	-아/어도 돼요
가다	가도 돼요	운동하다	
오다		*듣다	
보다		*걷다	
읽다		*묻다	
먹다		살다	
자다		만들다	
만나다		열다	
찍다		걸다	
받다		팔다	
사다		*줍다	
입다		*돕다	
샤워하다		가지 않다	
퇴근하다		먹지 않다	

2. 〈보기〉와 같이 '-아/어도 되다'를 사용해서 질문에 대답하십시오.

> **보기**
> 가: 이 지우개를 써도 돼요?
> 나: 네, **써도 돼요**.

1) 가: 도서관에서 신문을 봐도 돼요?
   나: 네, ______________________.

2) 가: 물건 값을 카드로 계산해도 돼요?
   나: 네, ______________________.

3) 가: 통장을 만들 때 서명해도 돼요?
   나: 네, ______________________.

4) 가: 쉬는 시간에 교실에서 음식을 먹어도 돼요?
   나: 네, ______________________.

5) 가: 도서관에서 노트북을 사용해도 돼요?
   나: 네, ______________________.

6) 가: 이 옷을 세탁기로 빨아도 돼요?
   나: 네, ______________________.

3. 다음 빈칸에 맞는 말을 쓰십시오.

기본형	-(으)면 안 돼요	기본형	-(으)면 안 돼요
가다	가면 안 돼요	운동하다	
오다		*듣다	
보다		*걷다	
읽다		*묻다	
먹다		*살다	
자다		*만들다	
만나다		*열다	
찍다		*놀다	
받다		*팔다	
사다		*줍다	
입다		*돕다	
주차하다		*눕다	

4. 〈보기〉와 같이 '-(으)면 안 되다'를 사용해서 질문에 대답하십시오.

보기

가: 수업 시간에 음악을 들어도 돼요?

나: 아니요, 음악을 **<u>들으면 안 돼요</u>**.

1) 가: 다른 사람의 집 앞에 주차해도 돼요?

나: 아니요, ______________________________.

2) 가: 소포를 보낼 때 상자 안에 편지를 넣어도 돼요?

나: 아니요, ______________________________.

3) 가: 지하철에서 담배를 피워도 돼요?

나: 아니요, ______________________________.

4) 가: 수업 시간에 전화를 받아도 돼요?

나: 아니요, ______________________________.

5) 가: 기숙사에서 강아지를 길러도 돼요?

나: 아니요, ______________________________.

6) 가: 창문을 열어도 돼요?

나: 아니요, ______________________________.

창문을 열면 시끄러워요.

5. 〈보기〉와 같이 '-는 데'를 사용해서 문장을 만드십시오.

보기

숙제하다, 3시간, 걸리다

➡ **숙제하는 데 3시간이 걸립니다 / 걸렸습니다.**

1) 한 달, 생활하다, 200만 원

➡ ______________________________

2) 책, 다 읽다, 6시간

➡ ______________________________

3) 학교, 가다, 15분

➡ ______________________________

4) 이사하다, 80만 원

➡ ______________________________

5) 기타, 배우다, 2개월

➡ ______________________________

6) 옷, 사다, 10만 원

➡ ______________________________

7) 한국 생활, 익숙해지다, 3개월

➡ ______________________________

6. 다음에서 알맞은 동사를 골라 '-는 데'를 사용해서 ______에 맞게 쓰십시오.

친해지다	자르다	여행하다	다리다
만들다	가다	고치다	

1) 가: 서울에서 부산까지 버스로 ____________ 시간이 얼마나 걸려요?
   나: 6시간 정도 걸려요.

2) 가: 텔레비전을 ____________ 돈이 얼마나 들어요?
   나: 글쎄요, 잘 모르겠어요. 서비스 센터에 전화해 보세요.

3) 가: 미용실에서 머리를 ____________ 돈이 얼마나 들어요?
   나: 12,000원 정도 들 거예요.

4) 가: 와이셔츠를 ____________ 시간이 얼마나 걸려요?
   나: 10분쯤 걸려요.

5) 가: 처음 만난 사람과 ____________ 시간이 오래 걸려요?
   나: 아니요, 금방 친해져요.

6) 가: 제주도에서 일주일 ____________ 돈이 많이 들었어요?
   나: 네, 생각보다 많이 들었어요.

7) 가: 통장을 ____________ 시간이 얼마나 걸려요?
   나: 5분쯤 걸려요.

7. 〈보기〉와 같이 '-(이)나'를 사용해서 문장을 만드십시오.

보기

강아지를 **열 마리나** 길러요. (강아지, 10마리)

1) ______________________________ (모자, 8개, 사다)

2) ______________________________ (사과, 5개, 먹다)

3) ______________________________ (어제, 맥주, 5잔, 마시다)

4) ______________________________ (어제, 케이크, 3개, 만들다)

5) ______________________________ (안경, 7개, 있다)

6) ______________________________ (책, 300권, 읽다)

7) ______________________________ (부재중 전화, 6번, 왔다)

8. 질문에 '-(이)나'를 사용해서 대답하십시오.

1) 가: 집이 멀어요? 집에서 학교까지 가는 데 얼마나 걸려요?

나: ______________________________. (2시간)

2) 가: 지난달에 쇼핑을 했어요?

나: 네, 좀 많이 했어요. ______________________________. (10번)

3) 가: 아들이 컴퓨터 게임을 많이 해요?

나: 네, 하루에 ______________________________. (5시간)

4) 가: 한국 친구가 많아요?

나: 네, ______________________________. (8명)

5) 가: 롯데월드에 가 봤어요?

나: 그럼요. ______________________________. (3번)

6) 가: 왜 배가 아파요?

나: 어제 콜라를 ______________________________. (4병)

다음 대화를 듣고 (　　　　　)에 쓰십시오.

우체국 직원: 어떻게 오셨어요?

앙　　　리: 프랑스로 (　　　　　)를 (　　　　　　　　　　).

우체국 직원: 무엇을 보내실 거예요?

앙　　　리: 인삼차와 옷이에요.

우체국 직원: 그럼 (　　　　　)으로 가셔서 물건을 상자에 넣고 (　　　　　　) 후에
상자 위에 (　　　　　　)의 주소를 써 주세요.

앙　　　리: 그런데 파란색 펜으로 (　　　　　　　)?

우체국 직원: 네, 파란색으로 (　　　　　　　　).

(잠시 후)

우체국 직원: 혹시 상자 안에 편지를 넣으셨어요?

앙　　　리: 네, 편지를 넣었어요.

우체국 직원: 상자에 편지를 (　　　　　　　　　　　　).

앙　　　리: 아, 몰랐어요.

우체국 직원: 죄송하지만 편지를 (　　　　　　　　　　　)?
그리고 (　　　　　)는 어떻게 보내실 거예요?

앙　　　리: 배로 보내고 싶어요. 시간이 (　　　　　　　　　　　)?

우체국 직원: 배로 보내면 (　　　　　　) 걸려요.

앙　　　리: 소포를 (　　　　　　　) 한 달(　　　　　) 걸려요?
더 (　　　　　) 보내는 방법은 없을까요?

우체국 직원: 비행기로 보내면 (　　　　　) 보낼 수 있어요. 2주 (　　　　　) 걸려요.

앙　　　리: 그럼 비행기로 보내 주세요.

7과 좀 비싼 것 같아요

1. 다음 ________에 들어갈 말은 무엇입니까? 단어를 골라 맞게 쓰십시오.

영수증	깎다	교환하다	반품
환불하다	신제품	환전하다	가격

1) 백화점에서 가방을 사고 ______________을/를 받았습니다. 나중에 교환이나 환불을 할 때 필요합니다.

2) 백화점보다 시장의 물건 ______________이/가 훨씬 더 쌉니다.

3) 이 휴대폰은 이번 주에 나온 ____________입니다. 그래서 다른 것보다 조금 더 비쌉니다.

4) 미국으로 여행을 갈 겁니다. 그래서 은행에서 한국 돈을 달러로 __________ 겁니다.

5) 옷을 샀는데 옷이 큽니다. 그래서 좀 작은 것으로 __________ 겁니다. 또 하나는 내 마음에 들지 않습니다. 그래서 옷을 __________ 겁니다. 그리고 돈을 받을 겁니다.

6) 백화점에서는 물건의 값을 ____________ 수 없지만, 시장에서는 ____________ 수 있습니다.

7) 인터넷 쇼핑으로 물건을 샀는데 물건이 마음이 들지 않습니다. 그래서 이 물건을 다시 판매 회사에 보내는 것을 ____________이라고 합니다.

2. 다음 표를 완성하십시오.

(형용사) 기본형	–(으)ㄴ 것 같아요	(형용사) 기본형	–(으)ㄴ 것 같아요
크다	큰 것 같아요	*멀다	
싸다		*길다	
예쁘다		*덥다	
아프다		*춥다	
다르다		*맛있다	
높다		*맛없다	
낮다		(외국인)이다	
피곤하다		(외국인)이 아니다	

(동사) 기본형	–는 것 같아요	(동사) 기본형	–는 것 같아요
오다	오는 것 같아요	*팔다	
쓰다		*열다	
공부하다		*만들다	
먹다		눕다	
입다		줍다	
닫다		가르치다	
묻다		배우다	
듣다		하지 않다	

3. '-(으)ㄴ/는 것 같다'를 사용해서 ________에 맞게 쓰십시오.

1) 가: 왜 떡볶이를 안 먹어요? 떡볶이를 안 좋아해요?

나: 이 떡볶이가 좀 ____________ 같아요.
(맵다)

2) 가: 미미 씨가 왜 요즘 지각을 해요?

나: 미미 씨가 이사를 했는데 집이 학교에서 ______________.
(멀다)

3) 가: 왕명 씨, 민수 씨가 어디에 있어요?

나: 지금 친구들하고 운동장에서 ______________.
(놀다)

4) 가: 민수 씨가 집에 있어요?

나: 아니요, 집에 ______________. 전화를 했는데 전화를 안 받아요.
(없다)

5) 가: 민호 씨와 몇 번 같이 식사를 했는데 민호 씨는 고기를 ________________.
(먹지 않다)
언제나 야채만 먹어요.

나: 맞아요. 민호 씨는 고기를 전혀 안 먹어요.

6) 가: 이 코트가 따뜻한데 왜 안 사요?

나: 따뜻하지만 좀 ______________. 두꺼운 옷은 무거워요.
(두껍다)

7) 가: 된장찌개 맛이 어때요?

나: 맛있어요. 그렇지만 조금 ____________. 물을 더 넣는 게 좋겠어요.
(짜다)

4. ______에 맞는 조사를 넣으세요.

1) 우리 집은 과천입니다. 그래서 학교에 갈 때 지하철 4호선을 타고 가다가 동작역에서 7호선______ 갈아탑니다.

2) 미국 여행을 할 겁니다. 그래서 은행에서 돈을 달러______ 환전했습니다.

3) 커피를 마시고 싶은데 동전이 없어요. 천 원을 동전______ 바꿔 주시겠어요?

4) 어제 산 옷이 마음에 안 들어요. 내일 다른 옷______ 교환할 거예요.

5) 선생님, "Happy birthday to you!"가 한국말______ 뭐예요?

6) 저는 외국 사람이라서 한국말을 잘 못해요. 그래서 한국 사람과 이야기할 때 친구가 영어를 한국말______ 통역해 줘요.

5. '는, 도, 만' 중에서 _____에 맞는 조사를 넣으세요.

1) 가: 왕명 씨 친구들은 다 학생이에요?

나: 다 학생이에요. 그런데 왕명 씨_____ 회사원이에요

2) 가: 교실에 남학생이 많아요?

나: 아니요, 남학생은 없어요. 여학생_____ 있어요.

3) 가: 영화를 좋아해요?

나: 네, 코미디 영화는 좋아해요. 그렇지만 공포 영화_____ 좋아하지 않아요.

4) 가: 우리가 4명인데 음식을 몇 인분 주문할까요?

나: 배가 많이 고프지 않으니까 3인분_____ 주문합시다.

5) 가: 약을 하루에 세 번 먹어야 합니까?

나: 아니요, 약을 하루에 한 번_____ 드세요.

6) 가: 서류를 어떻게 보냅니까? 우편으로 보내도 됩니까?

나: 아니요, 우편으로 보내면 안 됩니다. 우리 회사는 인터넷으로____ 서류를 받습니다.

7) 가: 운동을 잘해요?

나: 네, 축구_____ 잘하고 탁구_____ 잘 쳐요.

6. '만'을 넣어서 문장을 만들어 보세요.

1) 수업 시간에 ______________ 말해야 돼요.

2) 저는 한국 음식 중에서 _________ 안 먹어요.

3) 저는 과일 중에서 _________ 좋아하지 않아요.

4) 우리 반에서 _______ 씨만 ____________________________.

5) 우리 반에서 _______ 씨만 ____________________________.

6) 우리 반에서 _______ 씨만 ____________________________.

다음 대화를 듣고 (   )에 쓰십시오.

직 원: 중앙 쇼핑몰입니다.

유 민: 중앙 쇼핑몰이지요? (   ) 가방을 어제 받았는데 (   )을 하고 싶어요.

직 원: 언제 (   )하셨어요?

유 민: 일주일 전에 했어요.

직 원: 잠깐만 기다려 주세요. 아, 여기 있습니다. 정유민 씨지요?

유 민: 네, 맞아요.

직 원: 그런데 왜 (   )을 하려고 하세요?

유 민: 가방이 (   ).

직 원: 네, 알겠습니다. 그러면 (   )로 가방을 보내 주세요.

유 민: (   )는 어떻게 해요?

직 원: 물건에 문제가 있으면 저희가 (   )를 (   ) 그렇지 않으면 (   )는 손님이 (   ) 합니다.

유 민: 아, 그래요? (   )가 얼마예요?

직 원: 5,000원입니다.

유 민: 알겠어요. 그럼 (   )로 가방을 보내겠습니다.

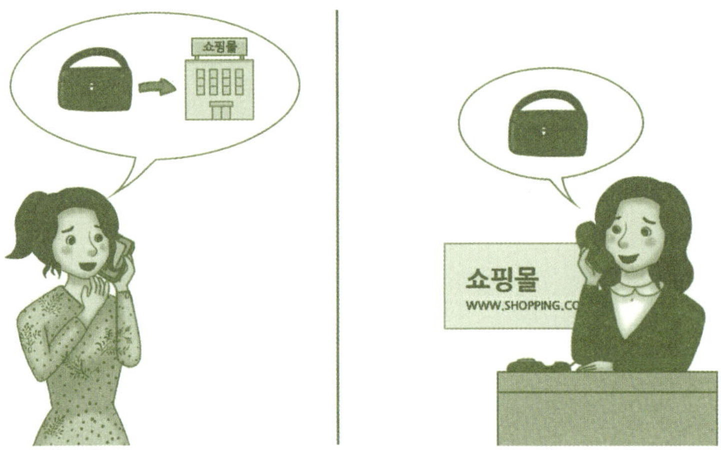

(☏ 유민 씨가 택배 회사에 전화합니다.)

직 원: 여보세요. 중앙 택배입니다. (   )?

유 민: 중앙 쇼핑몰로 물건을 하나 보내고 싶어요. 오늘 오후에 오실 수 있어요?

직 원: 오늘은 (   )가 많아서 갈 수 없습니다.

내일 오전에 (   )하겠습니다.

유 민: 그럼 내일 오전에 (   ).

직 원: 네, 알겠습니다.

8과 방을 예약하려고 합니다

1. 맞는 그림을 서로 연결하십시오.

1)  •   • 단체 여행

2)  •   • 패키지 여행

3) 

•   • 자유 여행

4)  •   • 신혼여행

5)  •   • 수학여행

2. 알맞은 말을 쓰십시오.

기본형	-(으)ㄴ 것 같아요	기본형	-(으)ㄴ 것 같아요
가다	간 것 같아요	예매하다	
사다		취소하다	
만나다		확인하다	
오다		남다	
보다		자르다	
읽다		입다	
마시다		*듣다	
먹다		*걷다	
(사진을) 찍다		*만들다	
여행하다		*살다	
예약하다		*열다	

3. '-(으)ㄴ 것 같다'로 대답하십시오.

1) 가: 피터 씨가 오늘 왜 이렇게 얼굴이 안 좋아요?
   나: 어제 오랫동안 ____________________. (운전하다)
   서울에서 부산까지 가는 길을 물어봤어요.

2) 가: 요즘 왕명 씨와 미진 씨가 왜 서로 이야기를 안 해요?
   나: 두 사람이 며칠 전에 ______________. (싸우다)

3) 가: 영화 잘 봤어요? 그런데 주연 씨 얼굴이 왜 그래요?
   나: 아까 영화 볼 때 __________________. (많이 울다)
   주연 씨 앞에 휴지가 많이 있었어요.

4) 가: 이 샌드위치를 미진 씨가 어디에서 샀을까요? 정말 맛있어요.
   나: 이 샌드위치는 미진 씨가 ____________. (만들다)
   어제 미진 씨가 시장에서 빵하고 계란을 사는 것을 봤어요.

5) 가: 미진 씨가 점심을 왜 조금 먹었어요?
   나: ________________________________. (아침을 늦게 먹다)

6) 가: 윤주 씨가 결혼했어요?
   나: ________________________________. (결혼하지 않다)
   손에 반지를 안 끼었어요.

7) 가: 어제 마이클 씨가 술을 많이 마셨어요?
   나: 네, ____________________________. (많이 마시다)
   아침에 마이클 씨한테서 술 냄새가 많이 났어요.

4. 빈칸에 쓰십시오.

기본형	-(으)ㄹ 것 같아요	기본형	-(으)ㄹ 것 같아요
가다	갈 것 같아요	재미없다	
자다		재미있다	
사다		가지고 오다	
끝나다		찾다	
보다		모르다	
오다		어울리다	
읽다		*걷다	
먹다		*듣다	
마시다		*만들다	
바쁘다		*힘들다	
편하다		*멀다	
전화하다		*어렵다	
크다		*맵다	

5. ________에 '-(으)ㄹ 것 같다'로 대답하십시오.

1) 가: 이 옷을 준수 씨에게 선물할건데 준수 씨에게 잘 맞을까요?

나: 제 생각에는 ____________. 좀 더 작은 옷을 골라 보세요.

(좀 크다)

2) 가: 제가 겨울에 호주로 여행을 갈 건데 추울까요?

나: 한국이 겨울이면 호주는 여름이니까 ________________. ____________.

(춥지 않다) (덥다)

3) 가: 이 음식이 매울까요?

나: 고추장을 조금만 넣었기 때문에 ____________________.

(안 맵다)

4) 가: 이 책이 읽기가 어려울까요?

나: 그림이 많아서 ___________________________.

(쉽다)

5) 가: 오늘 비가 올까요?

나: 하늘에 구름이 많으니까 ______________________.

우산을 가지고 가세요. (비가 오다)

6) 가: 지금 식당에 가면 사람이 많을까요?

나: 점심시간이라서 사람이 _____________. 1시간 후에 갑시다.

(많다)

7) 가: 내일 민수 씨 생일 파티에 제인 씨가 올까요?

나: 글쎄요. ______________. 제인 씨는 모레 시험이 있어요.

(안 오다)

6. 〈보기〉와 같이 '-(으)ㄹ 것 같아서', '-(으)ㄹ 것 같으니까', '-(으)ㄹ 것 같은데' 중에서 하나를 골라 ________에 쓰십시오.

보기

가: 시험공부 많이 했어요?

나: 시험이 **쉬울 것 같아서** 많이 안 했어요. (쉽다)

1) 가: 오늘 왜 옷을 많이 입었어요?

나: 날씨가 ________________ 많이 입었어요. (춥다)

2) 가: 언제 영화 보러 갈까요?

나: 오늘 평일이라서 사람이 ________________ 오늘 갑시다. (없다)

3) 가: 어떤 옷을 살까요?

나: 준수 씨한테는 이 옷이 ________________ 이것을 사세요. (잘 어울리다)

4) 가: 어느 커피숍에 갈까요?

나: 학교 앞 커피숍이 ________________ 거기로 가면 어때요? (조용하다)

5) 가: 왜 오늘 지하철을 탔어요?

나: 아침에 ________________ 지하철을 탔어요. (길이 막히다)

6) 가: 호텔을 예약할까요?

나: 호텔은 ________________ 펜션을 예약하는 게 좋겠어요. (비싸다)

7) 가: 이 바지 어때요? 수진 씨에게 잘 어울릴까요?

나: 수진 씨는 키가 작아서 이 바지가 ________________ 다른 옷으로 사는 게 좋겠어요. (길다)

7. 다음 표를 완성하십시오.

기본형	-는데요	-았/었는데요
가다	가는데요	갔는데요
보다		
잡다		
쓰다		
걷다		
알다		
모르다		
비싸다		
같다		
예쁘다		
길다		
싱겁다		
다르다		
있다		
없다		
선생님이다		
의사이다		

8. ________에 '-(으)ㄴ/는데요'를 사용해서 대답하십시오.

1) 가: 등산을 좋아해요? 오늘 산에 갈까요?

나: ______________________. 다음에 갑시다.

(오늘 날씨가 많이 춥다)

2) 가: 오늘 춤추러 클럽에 갈까요?

나: ______________________. 다음 주에 어때요?

(내일 시험이 있다)

3) 가: 이 음식이 너무 맛있지요?

나: 저한테는 좀 ______________________.

(맵다)

4) 가: 수진 씨, 미안해요. 토요일에 같이 여행을 못 갈 것 같아요.

나: 어떻게 해요? ______________________.

(벌써 호텔을 예약하다)

5) 가: 진수 씨도 술 한 잔 하세요.

나: ______________________.

(오늘은 운전해야 하다)

6) 가: 줄리아 씨는 어느 회사에 다녀요?

나: 줄리아 씨는 ______________________. 회사에 안 다녀요.

(주부이다)

7) 가: 내일 우리 집에 오실 때 여자 친구와 같이 오세요.

나: 저는 ______________________.

(여자 친구가 없다)

9. ________에 '밖에'를 사용해서 대답하십시오.

1) 가: 리리 씨, 커피 한 잔 주세요.
   나: 미안해요. 지금 집에 ______________. (콜라)

2) 가: 오늘 운동을 많이 했어요?
   나: 아니요, ________________________. (20분)

3) 가: 현주 씨는 가방이 많아요?
   나: 아니요, ________________________. (2개)

4) 가: 생일 파티에 친구들을 많이 초대했어요?
   나: 아니요, ________________________. (3명)

5) 가: 교통 카드에 돈이 많이 남았어요?
   나: ______________________________. (1,000원)

6) 가: 집에서 빵집이 멀어요?
   나: 아니요, 가까워요. ________________. (5분)

다음 대화를 듣고 (   )에 쓰십시오.

수 진: 왕명 씨, 이번 주말에 뭐 하세요?

왕 명: 경주로 여행을 가려고 해요.

수 진: 그래요? 기차표는 (   )했어요?

왕 명: 네? (   ) 돼요? 휴가 때가 아니라서 (   ) 것 (   ).

수 진: 아니에요. 요즘은 휴가 때가 아니지만 여행 가는 사람들이 많아서 꼭 (   ) 해야 돼요.

왕 명: 그렇군요. 그런데 어디에서 예매해야 돼요?

수 진: 역에서 해도 되고 전화나 (   )으로 해도 돼요.
(   ) 예매를 하면 (   ) 받을 수 있어요. 그런데 (   )은 어디에서 할 거예요?

왕 명: 아직 생각 안 (   ).

수 진: (   )도 미리 예약을 해야 돼요. 그런데 경주에서는 뭐 할 거예요?

왕 명: 아직 잘 몰라요. 경주에 (   )하면 사람들에게 물어보려고 해요.

수 진: 왕명 씨는 여행 준비를 (   ) 것 같군요.

왕 명: 저는 준비를 잘하는 성격이 아니에요. 준비를 다 하고 가면 여행이 재미없어요.

수 진: 왕명 씨, 준비를 안 하고 가면 (   )에서 (   ) 일이 많이 생길 거예요.

왕 명: 수진 씨, 제가 걱정이 되면 저하고 같이 여행 가면 어때요? 수진 씨하고 같이 가면 제가 여행 준비를 안 해도 (   )…….
그리고 여행이 정말 정말 (   ).

수 진: 왕명 씨…….

9과 이 사진처럼 머리를 짧게 잘라 주세요

1. 그림을 보고 머리 모양을 써 보십시오.

1) ____________ 2) ____________ 3) ____________

4) ____________ 5) ____________ 6) ____________

대머리	스포츠머리	파마머리	단발머리	긴 머리	커트 머리

2. 그림에 맞는 단어를 쓰십시오.

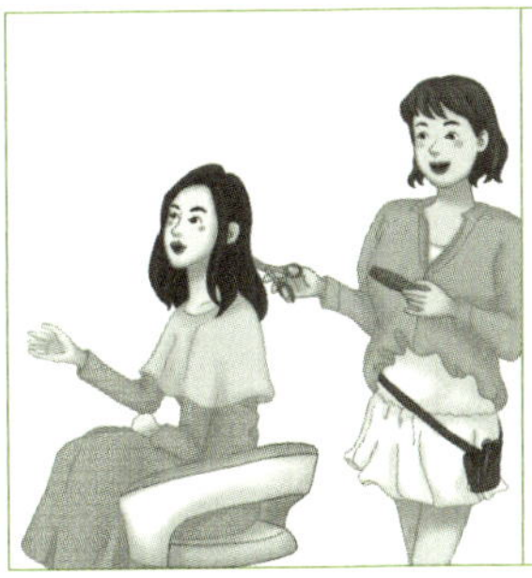
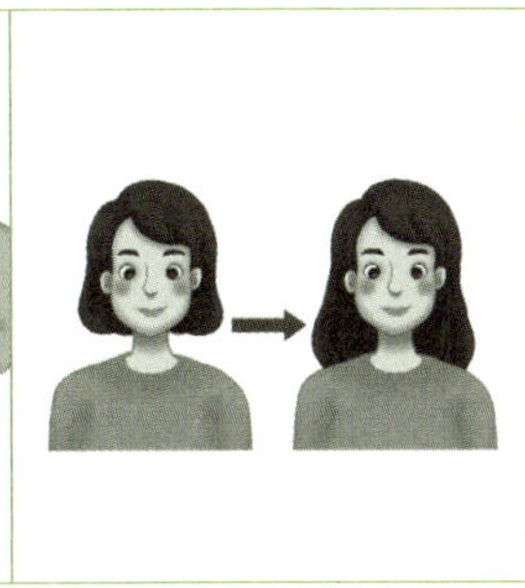
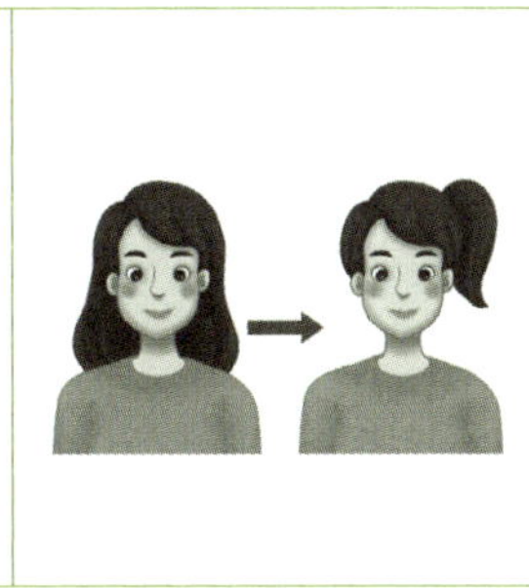
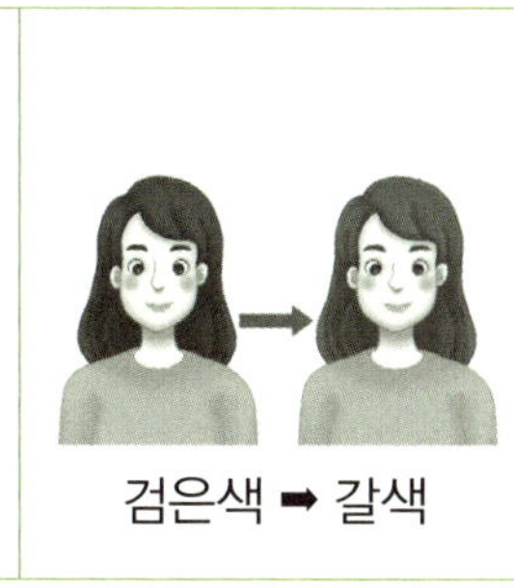

1) .... 2) .... 3) .... 4) ....

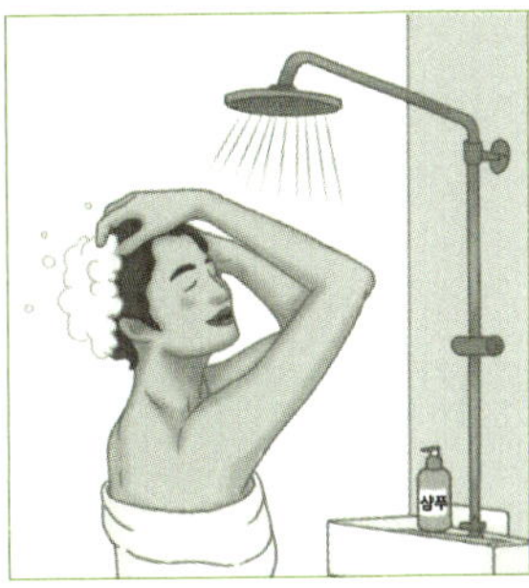

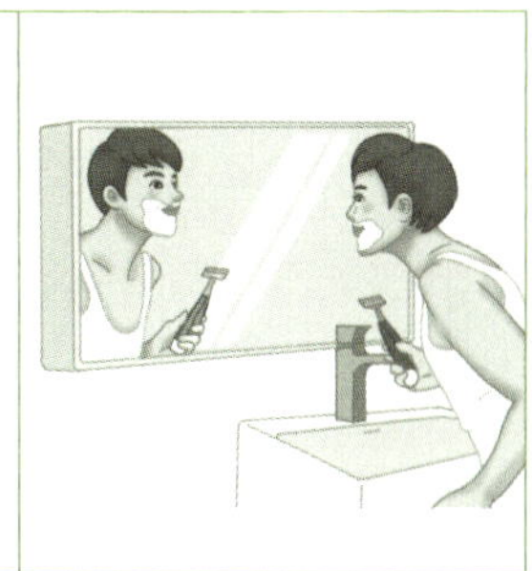

5) .... 6) .... 7) .... 8) ....

머리를 묶다	머리를 감다	머리를 말리다	머리를 기르다
드라이하다	면도하다	염색하다	머리를 다듬다

3. '-처럼 / 같이'를 사용해서 문장을 만드십시오.

1) 가: 나타샤 씨가 노래하는 것을 봤어요?

나: 네, 나타샤 씨는 ______________ 노래를 잘 불러요. (가수)

2) 가: 다니엘 씨의 여자 친구가 어때요?

나: 다니엘 씨 여자 친구가 ______________ 예뻐요. (인형)

3) 가: 살고 있는 하숙집이 어때요?

나: 하숙집이 ______________ 편해요. (우리 집)

그리고 하숙집 아줌마는 ______________ 친절해요. (엄마)

여기에서 오래 오래 살고 싶어요.

4) 가: 호앙 씨, 한국말을 얼마나 배웠어요?

한국말을 ______________ 잘하는군요. (한국 사람)

나: 감사합니다. 한국어를 배운 지 2년 됐어요.

5) 가: 벌써 집에 갈 거예요? 한 시간만 더 같이 놀아요.

나: 안 돼요. 우리 아버지가 ______________ 무서워서 일찍 집에 가야 해요. (호랑이)

4. 다음에서 알맞은 단어를 골라 '-게'를 사용해서 문장을 완성하십시오.

깨끗하다	크다	재미있다	따뜻하다
귀엽다	늦다	예쁘다	

1) 가: 저희 가족사진이에요. 제 동생은 4살이에요.
   나: 이 사람이 왕명 씨의 동생이에요? 아주 ________ 생겼어요.

2) 가: 필립 씨, 오늘 왜 늦었어요?
   나: 미안해요. 집에서 ________ 나왔어요.

3) 가: 목소리가 너무 작아요. 다시 ________ 말씀해 주세요.
   나: 알겠습니다.

4) 가: 오늘 손님이 오세요? 집을 ________ 청소했군요.
   나: 저는 깨끗한 걸 좋아해요.

5) 가: 지연 씨, 오늘 데이트 있어요? 머리를 ________ 드라이 했군요.
   나: 아니요, 오늘 졸업 사진을 찍어서 드라이를 했어요.

6) 가: 오늘 날씨가 추워요?
   나: 네, 그러니까 옷을 ________ 입고 가세요.

7) 가: 다니엘 씨는 정말 재미있는 사람이에요.
   나: 맞아요, 우리 반에서 다니엘 씨가 제일 ________이야기해요.

5. 다음 표를 완성하십시오.

기본형	-아/어 보여요
많다	많아 보여요
좋다	
*나쁘다	
*예쁘다	
*크다	
*바쁘다	
건강하다	
깨끗하다	
편하다	
따뜻하다	
행복하다	
*춥다	
*덥다	
*맵다	
*어렵다	
*쉽다	
멀다	
*다르다	
*빠르다	
재미있다	
맛있다	

6. 〈보기〉와 같이 '-아/어 보이다'를 사용해서 문장을 완성하십시오.

보기

가: 어떤 영화를 볼까요?

나: 저 영화를 봐요. 저 영화가 **재미있어 보여요**. (재미있다)

1) 가: 수진 씨, 머리 하셨어요? 머리를 자르니까 ______________________. (어리다)

나: 고마워요. 저한테 잘 어울려요?

2) 가: 피터 씨, 시험이 아직 안 끝났어요? ______________________. (피곤하다)

나: 내일까지 시험이에요. 어제도 잠을 못 잤어요.

3) 가: 저기 신혼부부를 보세요.

나: 너무 ______________________. 나도 빨리 결혼하고 싶어요. (행복하다)

4) 가: 이 옷이 어때요? 조금 ______________________지 않아요? (뚱뚱하다)

나: 아니요, 아주 잘 어울려요.

5) 가: 민수 씨, 그 노트북 새로 샀어요? 아주 ______________________. (좋다)

나: 네, 지난주에 용산 전자 상가에서 샀어요.

7. 〈보기〉와 같이 '-네요'를 사용해서 ________에 맞게 쓰십시오.

보기

가: 오늘 날씨가 정말 **춥네요**. (춥다)
나: 바람이 불어서 더 추운 것 같아요.

1) 가: 제가 만든 과자가 어때요?
나: 정말 맛있어요. 유민 씨는 과자를 잘 ________________. (만들다)

2) 가: 한국에 온 지 벌써 2년이 됐어요.
나: 정말 시간이 ________________. (빠르다)

3) 가: 제임스 씨, 테니스를 정말 잘 ________________. (치다)
나: 작년에 좀 배웠어요.

4) 가: 저 가수 이름이 뭐예요? 정말 노래를 잘 ________________. (부르다)
나: '아이유'라고 해요. 한국에서 유명한 가수예요.

5) 가: 학교에서 집까지 2시간 반 걸려요.
나: 집이 정말 ________________. (멀다)

6) 가: 이 식당에서 자장면이 유명한데 맛이 어때요?
나: 오늘 처음 먹어 봤는데 정말 ________________. (맛있다)

다음 대화를 듣고 (   )에 쓰십시오.

미용사: 어서 오세요. (   )하셨어요?

아키코: 네, 한 시에 (   )했는데요.

미용사: (   )이 어떻게 되세요?

아키코: 아키코입니다.

미용사: 아, 네. 아키코 씨. 여기에서 (   ) 기다려 주시겠어요?

(잠시 후)

미용사: 손님, 여기에 앉으세요. 머리를 (   )?

아키코: (   )를 해서 머리 스타일을 좀 (   ) 보고 싶어요.

미용사: 그러면 이번에는 (   )를 해 보시는 게 어때요?

아키코: 네, 그게 좋겠어요.

미용사: 길이는 (   )로 할까요?

아키코: (   )는 (   )가 힘들지 않아요?
저는 혼자 (   )를 잘 못하는데요.

미용사: 아니에요, (   ) 힘들지 않아요.
그냥 머리를 (   ).
단발머리가 더 (   ).

아키코: 네, 좋아요. 그러면 그렇게 해 주세요.

10과 물을 끓이고 나서 재료를 넣으면 더 맛있어요

1. 어떤 맛입니까?

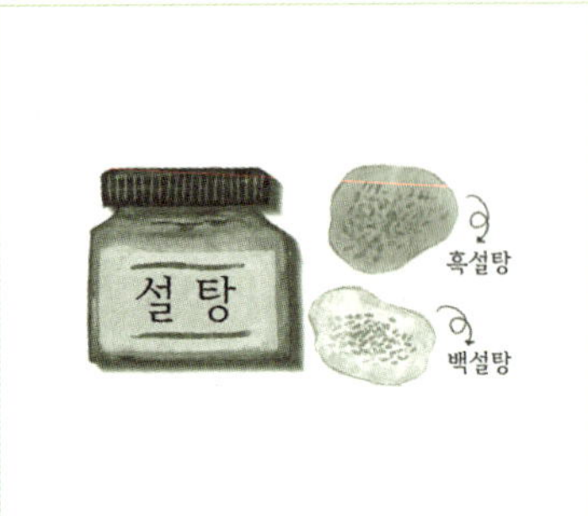

달다

1) ....

2) ....

3) ....

4) ....

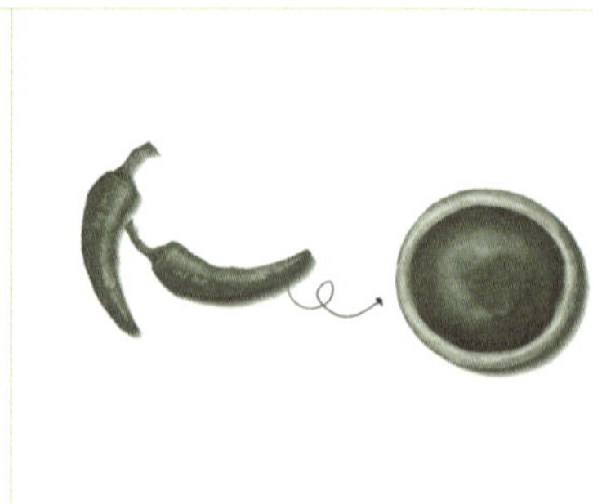

5) ....

6) ....

7) ....

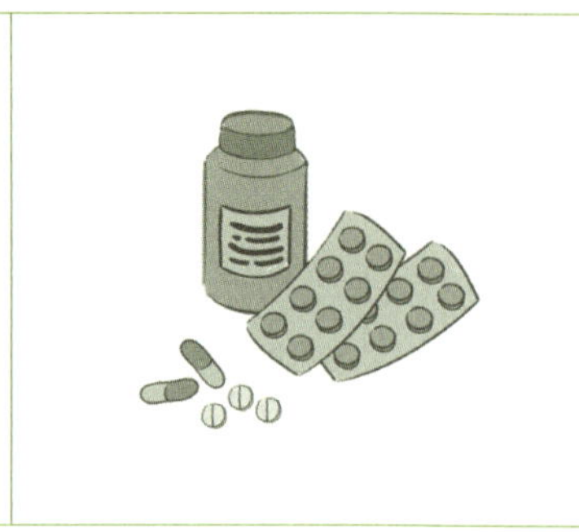

8) ....

2. 그림과 맞는 단어를 〈보기〉에서 골라 쓰십시오.

보기

냄비	프라이팬	도마	주전자	밥솥
접시	젓가락	숟가락	밥공기	

1) ____________

2) ____________

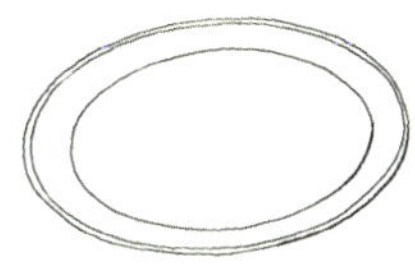

3) ____________

4) ____________

5) ____________

6) ____________

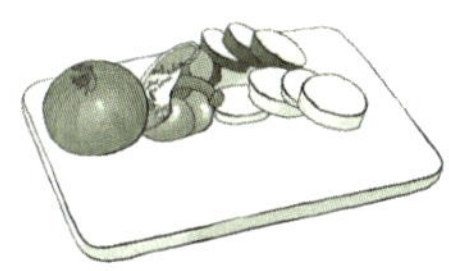

7) ____________

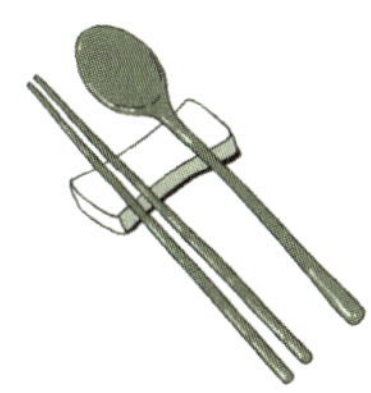

8) ____________

보기

끓이다	볶다	튀기다	삶다	굽다	찌다
자르다	썰다	섞다	붓다	젓다	

1) ____________

2) ____________

3) ____________

4) ____________

5) ____________

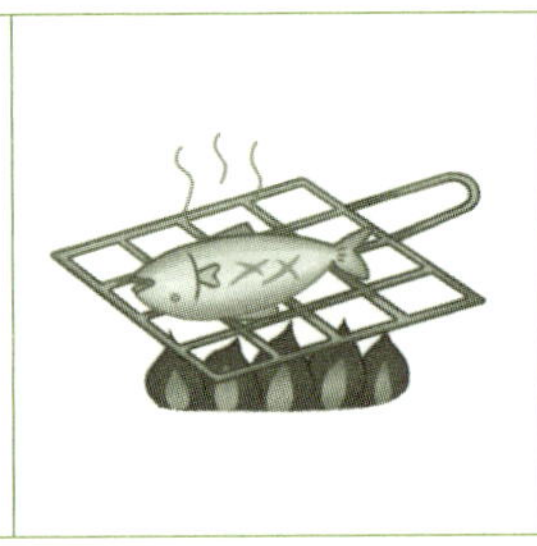

6) ____________

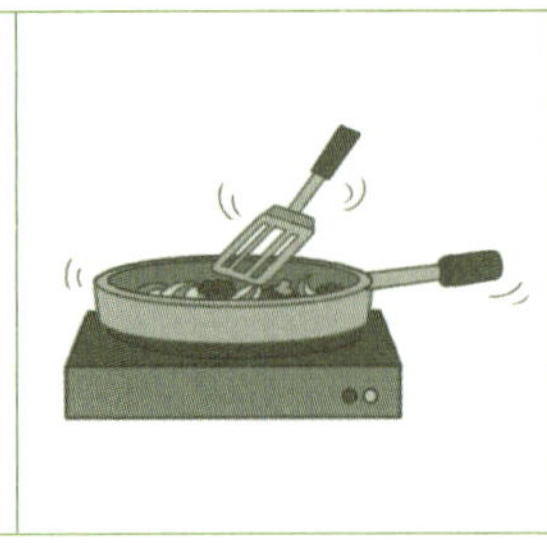

7) ____________

8) ____________

9) ____________

10) ____________

11) ____________

3. 다음 표를 완성하십시오.

기본형	-고 나서	기본형	-고 나서
보다	보고 나서	먹다	
타다		넣다	
보내다		듣다	
쓰다		놀다	
그리다		만들다	
가르치다		입다	
공부하다		돕다	
운동하다		줍다	

4. 〈보기〉와 같이 '-고 나서'를 사용해서 문장을 만드십시오.

보기

대학교에 가다 / 고등학교를 졸업하다

가: 언제 대학교에 갈 거예요?

나: **고등학교를 졸업하고 나서** 대학교에 갈 거예요.

1) 차를 마시다 / 밥을 먹다

가: ______________________________?

나: ______________________________

2) 커피숍에 가다 / 영화를 보다

가: ______________________________?

나: ______________________________

3) 책을 도서관에 반납하다 / 책을 다 읽다

가: ______________________________?

나: ______________________________

4) 머리를 빗다 / 옷을 입다

가: ______________________________?

나: ______________________________

5) 놀다 / 숙제를 하다

가: ______________________________?

나: ______________________________

6) 라면을 넣다 / 물이 끓다

가: ______________________________?

나: ______________________________

5. 다음 표를 완성하십시오.

기본형	-겠어요	기본형	-겠어요
크다	크겠어요	멀다	
비싸다		길다	
쓰다		달다	
예쁘다		쉽다	
바쁘다		어렵다	
흐리다		무겁다	
(눈이) 오다		가볍다	
다르다		재미있다	
작다		재미없다	
많다		맛있다	
깨끗하다		맛없다	

6. 다음에서 알맞은 단어를 골라 '-겠'을 사용해서 쓰십시오.

날씬하다	비가 오다	막히다	잘 보다
걸리다	모자라다	늦다	덥다

1) 가: 제 여자 친구 못 봤지요? 모델이에요.

나: 모델이요? 그러면 아주 ____________________.

2) 가: 날씨가 추워요. 두꺼운 옷을 입으세요. 감기에 ____________________.

나: 괜찮아요. 안 추워요.

3) 가: 하늘이 흐려졌어요. 금방 ____________________.

나: 그래요. 빨리 집으로 돌아갑시다.

4) 가: 오늘 약속이 7시지요? 그런데 지금 퇴근 시간이라서 길에 차가 많아요.

나: 그래요? 길이 많이 ____________________.

빨리 출발하지 않으면 약속 시간에 ____________________.

5) 가: 여름에 왜 두꺼운 모자를 썼어요? ____________________.

나: 오늘 머리를 안 감았어요. 그래서 모자를 썼어요.

6) 가: 오늘 손님이 많이 올 거예요.

나: 그래요? 음식을 조금 준비했는데 어떻게 해요? 음식이 ____________________.

7) 가: 오늘 시험을 봤어요. 두 달 동안 정말 열심히 공부했어요.

나: 그래요? 그러면 시험을 ____________________.

7. 다음 표를 완성하십시오.

기본형	-아/어서	기본형	-아/어서
가다	가서	씻다	
오다		앉다	
사다		걸다	
만나다		벌다	
일어나다		썰다	
서다		만들다	
끓이다		*자르다	
그리다		*고르다	
찌다		*눕다	
튀기다		*굽다	
*쓰다		볶다	

8. 〈보기〉와 같이 '-아/어서'를 사용해서 한 문장으로 만드십시오.

보기

서점에 가요. 서점에서 책을 사요.

➡ 서점에 **가서** 책을 사요.

1) 어제 학교에 갔어요. 학교에서 친구를 만났어요.

➡ ________________________________.

2) 꽃을 살 거예요. 그 꽃을 선생님께 드릴 거예요.

➡ ________________________________.

3) 이 종이에 전화번호와 주소를 쓰세요. 그리고 그 종이를 내일 가지고 오세요.

➡ ________________________________.

4) 요리를 했어요. 그 요리를 친구에게 주었어요.

➡ ________________________________.

5) 친구를 만났어요. 친구와 같이 명동에 갔어요.

➡ ________________________________.

6) 버스에 사람이 많지 않아서 의자에 앉았어요. 왔어요.

➡ ________________________________.

7) 날씨가 더우니까 커피숍에 들어가세요. 기다리세요.

➡ ________________________________.

9. 다음 표를 완성하십시오.

〈규칙〉

기본형	-(스)ㅂ니다	-아/어요	-았/었어요	-아/어서	-(으)면
웃다		웃어요			
벗다					
빗다					
씻다					

〈불규칙〉

기본형	-(스)ㅂ니다	-아/어요	-았/었어요	-아/어서	-(으)면
낫다	낫습니다	나아요			
붓다					
젓다					
짓다					

다음 대화를 듣고 (   )에 쓰십시오.

왕 명: 유민 씨는 무슨 음식을 좋아하세요?

유 민: 저요? 저는 김치찌개를 제일 좋아해요. 왕명 씨도 김치찌개를 좋아하세요?

왕 명: 김치찌개를 먹을 수는 있지만 좋아하지는 않아요. 좀 (   ).
저는 된장찌개를 좋아해요. 한국에 와서 처음 된장찌개를 먹었는데 아주 맛있었어요.

유 민: 왕명 씨는 한국 음식 (   ) 어떤 것을 제일 좋아하세요?

왕 명: 제가 제일 좋아하는 한국 음식은 (   )예요.

유 민: 아, 갈비요? 저도 갈비를 좋아해요. 갈비를 좋아하는 외국인들이 많군요.

왕 명: 그래요? 그러면 외국인들이 제일 좋아하는 한국 음식은 뭐예요?

유 민: 외국인들에게 제일 (   ) 한국 음식은 (   )예요.

왕 명: 그렇군요. 외국인들이 불고기 다음으로 좋아하는 음식이 뭐예요?

유 민: 외국인들이 (   ) 좋아하는 한국 음식은 비빔밥이에요. 그리고
(   )가 갈비와 삼계탕, 그다음이 삼겹살, 그다음이 김밥이에요.

왕 명: 그렇군요. 그러면 한국인이 제일 좋아하는 한국 음식은 뭐예요?

유 민: 물론 (   )예요.

왕 명: 한국인이 김치 (   ) 좋아하는 음식은 뭐예요?

유 민: (   )예요.

왕 명: 한국 사람들도 불고기를 좋아하는군요.
우리 오늘 수업이 끝나고 나서 (   )를 먹으러 갈까요?

유 민: 좋아요.

알기 쉽고 재미있는

중앙 한국어 워크북 2 상

정답지

1과 한국에 온 지 6개월이 되었어요

1. 1) 판사 2) 변호사 3) 작가 4) 사장 5) 통역사 6) 번역가
   7) 기술자 8) 외교관 9) 교수 10) 비서 11) 관광 안내원

2. 1) 졸업했습니다, 입학할 겁니다 2) 졸업하, 취직할 겁니다 / 취직했습니다
   3) 전공 4) 되 5) 꿈 6) 외워요 / 외웁니다, 외워

3.

기본형	–(으)ㄴ 지	기본형	–(으)ㄴ 지
가다	간 지	먹다	먹은 지
오다	온 지	끊다	끊은 지
보다	본 지	닫다	닫은 지
만나다	만난 지	받다	받은 지
사귀다	사귄 지	잡다	잡은 지
배우다	배운 지	*듣다	들은 지
피우다	피운 지	*걷다	걸은 지
가르치다	가르친 지	*묻다	물은 지
기다리다	기다린 지	*울다	운 지
끝나다	끝난 지	*놀다	논 지
자르다	자른 지	*살다	산 지
시작하다	시작한 지	*알다	안 지
이사하다	이사한 지	*만들다	만든 지
공부하다	공부한 지	*돕다	도운 지
취직하다	취직한 지	*눕다	누운 지

4. 1) 한국에 온 지 여섯 달 되었습니다 2) 고향 친구를 못 만난 지 5년 되었습니다
   3) 친구를 기다린 지 두 시간 되었습니다 4) 버스가 출발한 지 5분 되었습니다
   5) 수업이 끝난 지 20분 되었습니다 6) 이 집으로 이사한 지 한 달 되었습니다
   7) 영민 씨를 안 지 2년 되었습니다

5.

기본형	–(으)려고	기본형	–(으)려고
가다	가려고	취직하다	취직하려고

보다	보려고	잘하다	잘하려고
타다	타려고	*듣다	들으려고
주다	주려고	*묻다	물으려고
만나다	만나려고	*걷다	걸으려고
가르치다	가르치려고	잡다	잡으려고
되다	되려고	*돕다	도우려고
자르다	자르려고	*줍다	주우려고
배우다	배우려고	*놀다	놀려고
찍다	찍으려고	*살다	살려고
읽다	읽으려고	*알다	알려고
입학하다	입학하려고	*열다	열려고
–지 않다	–지 않으려고	*팔다	팔려고

6.

기본형	–는	기본형	–는
오다	오는	먹다	먹는
보다	보는	읽다	읽는
자다	자는	찍다	찍는
타다	타는	듣다	듣는
일어나다	일어나는	묻다	묻는
만나다	만나는	걷다	걷는
가르치다	가르치는	잡다	잡는
기다리다	기다리는	*놀다	노는
사귀다	사귀는	*살다	사는
모르다	모르는	*알다	아는
배우다	배우는	*열다	여는
잘하다	잘하는	*팔다	파는
전공하다	전공하는	돕다	돕는
이야기하다	이야기하는	줍다	줍는
있다	있는	없다	없는

7. 1) 내가 좋아하는 노래는 '__________'예요/이에요
2) 내가 좋아하는 가수(영화배우 / 사람)는 __________예요/이에요
3) 요즘 내가 많이 듣는 노래의 제목은 __________예요/이에요
4) 요즘 내가 자주 먹는 음식은 __________예요/이에요
5) 요즘 내가 자주 가는 곳은 __________예요/이에요
6) 지금 내가 살고 있는 곳은 __________예요/이에요
7) 내가 제일 잘하는 운동은 __________예요/이에요

2과 친구들에 대해서 이야기해 주세요

1.

기본형	-(으)ㄴ	기본형	-(으)ㄴ
가다	간	*듣다	들은
오다	온	*걷다	걸은
보다	본	*묻다	물은
사다	산	*살다	산
만나다	만난	*만들다	만든
먹다	먹은	*열다	연
찍다	찍은	*걸다	건
받다	받은	*팔다	판
입다	입은	*줍다	주운
읽다	읽은	*돕다	도운
공부하다	공부한	가지 않다	가지 않은
좋아하다	좋아한	먹지 않다	먹지 않은
운동하다	운동한	하지 않다	하지 않은

2. 1) 어제 점심에 먹은 음식이 뭐예요?
   2) 여름에 제주도에서 찍은 사진을 보고 싶어요
   3) 어제 학교에 오지 않은 학생이 몇 명이에요?
   4) 지난주에 빌린 책을 다 읽었어요?
   5) 길에서 주운 돈을 어떻게 했어요?
   6) 지수 씨한테서 들은 이야기를 해 주세요
   7) 어머니가 만든 김밥이 아주 맛있어요

3. 1) 에 대해서 2) 에 대한 3) 에 대한 / 에 대해서 4) 에 대해서
   5) 대한, 에 대한 6) 에 대해서 7) 에 대한, 에 대한

4.

기본형	-는데/-(으)ㄴ데	-았/었는데
가다	가는데	갔는데
보다	보는데	봤는데

입다	입는데	입었는데
쓰다	쓰는데	썼는데
듣다	듣는데	들었는데
걷다	걷는데	걸었는데
만들다	만드는데	만들었는데
모르다	모르는데	몰랐는데
있다	있는데	있었는데
없다	없는데	없었는데
비싸다	비싼데	비쌌는데
크다	큰데	컸는데
좁다	좁은데	좁았는데
멀다	먼데	멀었는데
맵다	매운데	매웠는데
같다	같은데	같았는데
의사이다	의사인데	의사였는데
선생님이다	선생님인데	선생님이었는데

5. 1) 갔는데 2) 대학생인데 3) 파는데 4) 있는데
5) 만들었는데 6) 들었는데 7) 긴데

6.

기본형	A-(으)ㄴ군요 // V-는군요	A/V-았/었군요
가다	가는군요	갔군요
보다	보는군요	봤군요
사다	사는군요	샀군요
쓰다	쓰는군요	썼군요
듣다	듣는군요	들었군요
걷다	걷는군요	걸었군요
만들다	만드는군요	만들었군요
팔다	파는군요	팔았군요
알다	아는군요	알았군요
모르다	모르는군요	몰랐군요
자르다	자르는군요	잘랐군요
비싸다	비싸군요	비쌌군요
피곤하다	피곤하군요	피곤했군요

춥다	춥군요	추웠군요
맵다	맵군요	매웠군요
길다	길군요	길었군요
달다	달군요	달았군요
다르다	다르군요	달랐군요
있다	있군요	있었군요
없다	없군요	없었군요
의사이다	의사(이)군요	의사였군요
학생이다	학생이군요	학생이었군요

7. 1) 갔군요
2) 준호 씨군요
3) 잘하는군요
4) 말을 하지 않는군요
5) 사람이 없군요
6) 키가 작았군요
7) 친하군요

8. 1) 아프군요
2) 예쁘군요
3) 운동을 열심히 하는군요
4) 안 내려가는군요
5) 한국 노래를 잘하는군요
6) 사람이 많군요
7) 어려웠군요

3과 한국 생활에 익숙해져서 재미있어요

1.

기본형	-(으)ㄹ	기본형	-(으)ㄹ
가다	갈	쓰다	쓸
만나다	만날	요리하다	요리할
마시다	마실	여행하다	여행할
보다	볼	*듣다	들을
사다	살	*걷다	걸을
주다	줄	*만들다	만들
먹다	먹을	*살다	살
읽다	읽을	*팔다	팔
입다	입을	부르다	부를

2. 1) 할 2) 만날 3) 들을 4) 발표할 5) 갈 6) 준비할

3.

기본형	-아/어져요	-아/어졌어요
많다	**많아져요**	**많아졌어요**
좋다	좋아져요	좋아졌어요
*나쁘다	나빠져요	나빠졌어요
*예쁘다	예뻐져요	예뻐졌어요
*크다	커져요	커졌어요
*바쁘다	바빠져요	바빠졌어요
건강하다	건강해져요	건강해졌어요
깨끗하다	깨끗해져요	깨끗해졌어요
편하다	편해져요	편해졌어요
따뜻하다	따뜻해져요	따뜻해졌어요
익숙하다	익숙해져요	익숙해졌어요
조용하다	조용해져요	조용해졌어요
*시끄럽다	시끄러워져요	시끄러워졌어요
*춥다	추워져요	추워졌어요
*덥다	더워져요	더워졌어요
*맵다	매워져요	매워졌어요

*어렵다	어려워져요	어려워졌어요
*쉽다	쉬워져요	쉬워졌어요
*다르다	달라져요	달라졌어요
멀다	멀어져요	멀어졌어요
재미있다	재미있어져요	재미있어졌어요

4. 1) 좋아져요 2) 예뻐졌어요 3) 익숙해졌어요
4) 바빠졌어요 5) 좋아져요 6) 추워졌어요
7) 멀어졌어요

5. 1) 아프거나 힘들 때 돌아가고 싶어요
2) 친구를 만나거나 여행을 해요
3) 한국 친구와 이야기하거나 드라마를 많이 봐요
4) 예쁘거나 귀여운 여자와 사귀고 싶어요
똑똑하거나 친절한 남자와 사귀고 싶어요
5) 병원에 가거나 약을 드
6) 영화를 보거나 같이 커피를 마셔요 / 같이 운동을 하거나 노래방에 가요

6. 1) 먹기(가) 좋아요 2) 신기(가) 불편해요 3) 찾기(가) 쉬워요
4) 타기(가) 나빠요 5) 예매하기(가) 편해요 6) 살기(가) 힘들어요

4과 컴퓨터가 고장 났는데 어떻게 해야 해요?

1\. 1) 고칠 줄 알아요?
2) 읽을 줄 알아요?
3) 사용할 줄 몰라요
4) 쓸 줄 알아요?
5) 만들 줄 알아요? / 만들 줄 몰라요
6) 할 줄 알아요?

2\. 1) 휴대폰이 고장 났는데 어떻게 해야 해요?
2) 설날에 한국에서는 떡국을 먹는데 여러분 나라에서는 무엇을 먹어요?
3) 지금 식사하러 가는데 같이 갈까요?
4) 숙제가 어려운데 도와주시겠어요?
5) 호앙 씨에게 전화하고 싶은데 전화번호를 알아요?
6) 학생증이 없는데 도서관에 들어갈 수 있어요?

3\. 1) 안 내려가는데
2) 잃어버렸는데
3) 잊어버렸는데
4) 안 되는데
5) 가지고 왔는데

4\. 1) 입어 보는 게 어때요?
2) 한국어 시디를 듣는 게 어때요?
3) 병원에 가는 게 어때요?
4) 운동을 하는 게 어때요?
5) 좀 쉬는 게 어때요?
6) 오늘은 일찍 집에 가는 게 어때요?

5\. 1) 집에서 쉬는 게 어때요? / 따뜻한 차를 마셔 보는 게 어때요? / 감기약을 먹는 게 어때요?
2) 운동을 하는 게 어때요? / 비타민을 먹어 보는 게 어때요? / 쉬는 게 어때요?
3) 꽃을 선물하는 게 어때요? / 파티를 준비하는 게 어때요? / 편지를 써 보는 게 어때요?
4) 한국 드라마를 보면서 공부하는 게 어때요? / 한국 사람과 사귀어 보는 게 어때요?

6. 1) 내일은 공부하는 게 좋겠어요 / 시험이 끝난 후에 가는 게 좋겠어요
   2) 집에 가는 게 좋겠어요 / 술을 마시지 않는 게 좋겠어요
   3) 물어보는 게 좋겠어요
   4) 다른 것을 먹는 게 좋겠어요 / (냉면 / 불고기)을/를 먹는 게 좋겠어요
   5) 퇴근하는 게 좋겠어요 / 집에서 쉬는 게 좋겠어요
   6) 사는 게 좋겠어요

7. 1) 고장 났어요
   2) 수리했어요
   3) 안 나왔어요
   4) 불이 안 들어왔어요
   5) 분실 신고를 했어요, 사용 정지했어요

5과 7호선을 타고 가다가 이수역에서 갈아타세요

1. 1) (시험을) 잘 봤을 거예요
   2) 끝났을 거예요
   3) 숙제하고 있을 거예요 / 인터넷을 하고 있을 거예요……
   4) 갈 거예요
   5) 재미있을 거예요
   6) 닫았을 거예요
   7) 괜찮아질 거예요 / 나을 거예요

2. 1) 어울릴까요 2) 읽을 수 있을까요 3) 더울까요
   4) 맛있을까요 5) 많을까요 6) 도착할까요

3. 1) 맞을까요 2) 열까요 3) 합격했을까요
   4) 받을까요 5) 갈까요

4. 1) 음악을 듣다가 잤어요
   2) 공부를 하다가 텔레비전을 봤어요
   3) 지연 씨는 빨래를 하다가 전화를 받았어요
   4) 지난주에 농구를 하다가 팔을 다쳤어요
   5) 안나 씨가 영화를 보다가 재미없어서 밖으로 나왔어요
   6) 똑바로 가다가 사거리에서 오른쪽으로 가세요

5. 1) 예쁘기 때문에 인기가 많아요
   2) 매운 음식 때문에 힘들어요
   3) 어제 늦게 잤기 때문에 아침에 늦게 일어났어요
   4) 감기 때문에 약을 먹어요
   5) 길이 막히기 때문에 늦었어요
   6) 음식이 맛있기 때문에 자주 가요

6. 1) 시험 기간이기 때문이에요
2) 시험을 못 봤기 때문이에요
3) 친절하기 때문이에요
4) 한국에서 오래 살았기 때문이에요
5) 친구가 병원에 입원했기 때문이에요
6) 손님이 많이 오시기 때문이에요

7. 1) 약속 2) 공사 3) 드라마 4) 발표 준비
5) 선물 6) 스트레스 7) 일

6과 통장을 만드는 데 시간이 얼마나 걸려요?

1.

기본형	-아/어도 돼요	기본형	-아/어도 돼요
가다	가도 돼요	운동하다	운동해도 돼요
오다	와도 돼요	*듣다	들어도 돼요
보다	봐도 돼요	*걷다	걸어도 돼요
읽다	읽어도 돼요	*묻다	물어도 돼요
먹다	먹어도 돼요	살다	살아도 돼요
자다	자도 돼요	만들다	만들어도 돼요
만나다	만나도 돼요	열다	열어도 돼요
찍다	찍어도 돼요	걸다	걸어도 돼요
받다	받아도 돼요	팔다	팔아도 돼요
사다	사도 돼요	*줍다	주워도 돼요
입다	입어도 돼요	*돕다	도와도 돼요
샤워하다	샤워해도 돼요	가지 않다	가지 않아도 돼요
퇴근하다	퇴근해도 돼요	먹지 않다	먹지 않아도 돼요

2. 1) 봐도 돼요　2) 카드로 계산해도 돼요　3) 서명해도 돼요
4) 먹어도 돼요　5) 사용해도 돼요　6) 세탁기로 빨아도 돼요

3.

기본형	-(으)면 안 돼요	기본형	-(으)면 안 돼요
가다	가면 안 돼요	운동하다	운동하면 안 돼요
오다	어면 안 돼요	*듣다	들으면 안 돼요
보다	보면 안 돼요	*걷다	걸으면 안 돼요
읽다	읽으면 안 돼요	*묻다	물으면 안 돼요
먹다	먹으면 안 돼요	*살다	살면 안 돼요
자다	자면 안 돼요	*만들다	만들면 안 돼요
만나다	만나면 안 돼요	*열다	열면 안 돼요
찍다	찍으면 안 돼요	*놀다	놀면 안 돼요
받다	받으면 안 돼요	*팔다	팔면 안 돼요
사다	사면 안 돼요	*줍다	주우면 안 돼요

입다	입으면 안 돼요	*돕다	도우면 안 돼요
주차하다	주차하면 안 돼요	*눕다	누우면 안 돼요

4. 1) 주차하면 안 돼요 2) 편지를 넣으면 안 돼요 3) 담배를 피우면 안 돼요
4) 전화를 받으면 안 돼요 5) 강아지를 기르면 안 돼요 6) 열면 안 돼요

5. 1) 한 달 생활하는 데 200만 원이 듭니다 2) 책을 다 읽는 데 6시간이 걸립니다
3) 학교에 가는 데 15분이 걸립니다 4) 이사하는 데 80만 원이 듭니다
5) 기타를 배우는 데 2개월이 걸립니다 6) 옷을 사는 데 10만 원이 듭니다
7) 한국 생활에 익숙해지는 데 3개월이 걸립니다

6. 1) 가는 데 2) 고치는 데 3) 자르는 데 4) 다리는 데
5) 친해지는 데 6) 여행하는 데 7) 만드는 데

7. 1) 모자를 8개나 샀어요 2) 사과를 5개나 먹었어요
3) 어제 맥주를 5잔이나 마셨어요 4) 어제 케이크를 3개나 만들었어요
5) 안경이 7개나 있어요 6) 책을 300권이나 읽었어요
7) 부재중 전화가 6번이나 왔어요

8. 1) 집에서 학교까지 가는 데 2시간이나 걸려요 2) 쇼핑을 10번이나 했어요
3) 5시간이나 게임을 해요 4) 8명이나 있어요
5) 3번이나 가 봤어요 6) 4병이나 마셨어요

7과 좀 비싼 것 같아요

1. 1) 영수증 2) 가격 3) 신제품 4) 환전할
5) 교환할, 반품할 6) 깎을, 깎을 7) 반품

2.

(형용사) 기본형	–(으)ㄴ 것 같아요	(형용사) 기본형	–(으)ㄴ 것 같아요
크다	큰 것 같아요	*멀다	먼 것 같아요
싸다	싼 것 같아요	*길다	긴 것 같아요
예쁘다	예쁜 것 같아요	*덥다	더운 것 같아요
아프다	아픈 것 같아요	*춥다	추운 것 같아요
다르다	다른 것 같아요	*맛있다	맛있는 것 같아요
높다	높은 것 같아요	*맛없다	맛없는 것 같아요
낮다	낮은 것 같아요	(외국인)이다	외국인인 것 같아요
피곤하다	피곤한 것 같아요	(외국인)이 아니다	외국인이 아닌 것 같아요

(동사) 기본형	–는 것 같아요	(동사) 기본형	–는 것 같아요
오다	오는 것 같아요	*팔다	파는 것 같아요
쓰다	쓰는 것 같아요	*열다	여는 것 같아요
공부하다	공부하는 것 같아요	*만들다	만드는 것 같아요
먹다	먹는 것 같아요	눕다	눕는 것 같아요
입다	입는 것 같아요	줍다	줍는 것 같아요
닫다	닫는 것 같아요	가르치다	가르치는 것 같아요
묻다	묻는 것 같아요	배우다	배우는 것 같아요
듣다	듣는 것 같아요	하지 않다	하지 않는 것 같아요

3. 1) 매운 것 2) 먼 것 같아요 3) 노는 것 / 놀고 있는 것 같아요
4) 없는 것 같아요 5) 먹지 않는 것 같아요 6) 두꺼운 것 같아요
7) 짠 것 같아요

4. 1) 으로 2) 로 3) 으로 4) 으로 5) 로 6) 로

5. 1) 만 2) 만 3) 는 4) 만 5) 만 6) 만 7) 도, 도

6. 1) 한국어로만 / 영어로만... 2) 냉면만 / 순대만... 3) 딸기만 / 참외만... 4)~6)

8과 방을 예약하려고 합니다

1. 1) 단체 여행 2) 자유 여행 3) 패키지 여행 4) 수학여행 5) 신혼여행

2.

(동사) 기본형	-(으)ㄴ 것 같아요	(동사) 기본형	-(으)ㄴ 것 같아요
가다	간 것 같아요	예매하다	예매한 것 같아요
사다	산 것 같아요	취소하다	취소한 것 같아요
만나다	만난 것 같아요	확인하다	확인한 것 같아요
오다	온 것 같아요	남다	남은 것 같아요
보다	본 것 같아요	자르다	자른 것 같아요
읽다	읽은 것 같아요	입다	입은 것 같아요
마시다	마신 것 같아요	*듣다	들은 것 같아요
먹다	먹은 것 같아요	*걷다	걸은 것 같아요
(사진을) 찍다	찍은 것 같아요	*만들다	만든 것 같아요
여행하다	여행한 것 같아요	*살다	산 것 같아요
예약하다	예약한 것 같아요	*열다	연 것 같아요

3. 1) 운전한 것 같아요 2) 싸운 것 같아요 3) 많이 운 것 같아요
4) 만든 것 같아요 5) 아침을 늦게 먹은 것 같아요 6) 결혼하지 않은 것 같아요
7) 많이 마신 것 같아요

4.

기본형	-(으)ㄹ 것 같아요	기본형	-(으)ㄹ 것 같아요
가다	갈 것 같아요	재미없다	재미없을 것 같아요
자다	잘 것 같아요	재미있다	재미있을 것 같아요
사다	살 것 같아요	가지고 오다	가지고 올 것 같아요
끝나다	끝날 것 같아요	찾다	찾을 것 같아요
보다	볼 것 같아요	모르다	모를 것 같아요
오다	올 것 같아요	어울리다	어울릴 것 같아요
읽다	읽을 것 같아요	*걷다	걸을 것 같아요
먹다	먹을 것 같아요	*듣다	들을 것 같아요

마시다	마실 것 같아요	*만들다	만들 것 같아요
바쁘다	바쁠 것 같아요	*힘들다	힘들 것 같아요
전화하다	전화할 것 같아요	*멀다	멀 것 같아요
편하다	편할 것 같아요	*어렵다	어려울 것 같아요
크다	클 것 같아요	*맵다	매울 것 같아요

5. 1) 좀 클 것 같아요
2) 춥지 않을 것 같아요, 더울 것 같아요
3) 안 매울 것 같아요
4) 쉬울 것 같아요
5) 비가 올 것 같아요
6) 많을 것 같아요
7) 안 올 것 같아요

6. 1) 추울 것 같아서
2) 없을 것 같으니까
3) 잘 어울릴 것 같으니까
4) 조용할 것 같으니까
5) 길이 막힐 것 같아서
6) 비쌀 것 같으니까
7) 길 것 같으니까

7.

기본형	-는데요	-았/었는데요
가다	가는데요	갔는데요
보다	보는데요	봤는데요
잡다	잡는데요	잡았는데요
쓰다	쓰는데요	썼는데요
걷다	걷는데요	걸었는데요
알다	아는데요	알았는데요
모르다	모르는데요	몰랐는데요
비싸다	비싼데요	비쌌는데요
같다	같은데요	같았는데요
예쁘다	예쁜데요	예뻤는데요
길다	긴데요	길었는데요
싱겁다	싱거운데요	싱거웠는데요
다르다	다른데요	달랐는데요
있다	있는데요	있었는데요
없다	없는데요	없었는데요
선생님이다	선생님인데요	선생님이었는데요
의사이다	의사인데요	의사였는데요

8. 1) 오늘 날씨가 많이 추운데요
2) 내일 시험이 있는데요
3) 매운데요
4) 벌써 호텔을 예약했는데요
5) 오늘은 운전해야 하는데요
6) 주부인데요
7) 여자 친구가 없는데요

9. 1) 콜라밖에 없어요
2) 20분밖에 못 했어요
3) 2개밖에 없어요
4) 3명밖에 초대 안 했어요
5) 1,000원밖에 안 남았어요
6) 5분밖에 안 걸려요

9과 이 사진처럼 머리를 짧게 잘라 주세요

1. 1) 커트 머리 2) 단발머리 3) 긴 머리 4) 스포츠머리
   5) 파마머리 6) 대머리

2. 1) 머리를 다듬다 2) 머리를 기르다 3) 머리를 묶다 4) 염색하다
   5) 머리를 감다 6) 머리를 말리다 7) 드라이하다 8) 면도하다

3. 1) 가수처럼 / 가수같이 2) 인형처럼 / 인형같이
   3) 우리집처럼 / 우리집같이, 엄마처럼 / 엄마같이
   4) 한국 사람처럼 / 한국 사람같이 5) 호랑이처럼 / 호랑이같이

4. 1) 귀엽게 2) 늦게 3) 크게 4) 깨끗하게
   5) 예쁘게 6) 따뜻하게 7) 재미있게

5.

기본형	-아/어 보여요
많다	많아 보여요
좋다	좋아 보여요
*나쁘다	나빠 보여요
*예쁘다	예뻐 보여요
*크다	커 보여요
*바쁘다	바빠 보여요
건강하다	건강해 보여요
깨끗하다	깨끗해 보여요
편하다	편해 보여요
따뜻하다	따뜻해 보여요
행복하다	행복해 보여요
*춥다	추워 보여요
*덥다	더워 보여요
*맵다	매워 보여요
*어렵다	어려워 보여요

*쉽다	쉬워 보여요
멀다	멀어 보여요
*다르다	달라 보여요
*빠르다	빨라 보여요
재미있다	재미있어 보여요
맛있다	맛있어 보여요

6. 1) 어려 보여요 2) 피곤해 보여요 3) 행복해 보여요
4) 뚱뚱해 보이 5) 좋아 보여요

7. 1) 만드네요 2) 빠르네요 3) 치네요
4) 부르네요 5) 머네요 6) 맛있네요

10과 물을 끓이고 나서 재료를 넣으면 더 맛있어요

1. 1) 짜다 2) 맵다 3) 짜다 4) 고소하다 5) 맵다 6) 달다
7) 시다 8) 쓰다

2. 1) 냄비 2) 프라이팬 3) 접시 4) 밥공기 5) 주전자 6) 밥솥
7) 도마 8) 숟가락, 젓가락
1) 자르다 2) 썰다 3) 섞다 4) 붓다 5) 끓이다 6) 굽다
7) 볶다 8) 튀기다 9) 삶다 10) 찌다 11) 젓다

3.

기본형	-고 나서	기본형	-고 나서
보다	보고 나서	먹다	먹고 나서
타다	타고 나서	넣다	넣고 나서
보내다	보내고 나서	듣다	듣고 나서
쓰다	쓰고 나서	놀다	놀고 나서
그리다	그리고 나서	만들다	만들고 나서
가르치다	가르치고 나서	입다	입고 나서
공부하다	공부하고 나서	돕다	돕고 나서
운동하다	운동하고 나서	줍다	줍고 나서

4. 1) 가: 언제 차를 마셔요? / 마실 거예요? 나: 밥을 먹고 나서 마셔요 / 마실 거예요
2) 가: 언제 커피숍에 갈 거예요? 나: 영화를 보고 나서 갈 거예요
3) 가: 언제 책을 도서관에 반납할 거예요? 나: 책을 다 읽고 나서 반납할 거예요
4) 가: 언제 머리를 빗어요? 나: 옷을 입고 나서 머리를 빗어요
5) 가: 언제 놀 거예요? 나: 숙제를 하고 나서 놀 거예요
6) 가: 언제 라면을 넣어요? 나: 물이 끓고 나서 라면을 넣어요

5.

기본형	-겠어요	기본형	-겠어요
크다	크겠어요	멀다	멀겠어요
비싸다	비싸겠어요	길다	길겠어요

쓰다	쓰겠어요	달다	달겠어요
예쁘다	예쁘겠어요	쉽다	쉽겠어요
바쁘다	바쁘겠어요	어렵다	어렵겠어요
흐리다	흐리겠어요	무겁다	무겁겠어요
(눈이) 오다	오겠어요	가볍다	가볍겠어요
다르다	다르겠어요	재미있다	재미있겠어요
작다	작겠어요	재미없다	재미없겠어요
많다	많겠어요	맛있다	맛있겠어요
깨끗하다	깨끗하겠어요	맛없다	맛없겠어요

6. 1) 날씬하겠어요 2) 걸리겠어요 3) 비가 오겠어요 4) 막히겠어요, 늦겠어요
5) 덥겠어요 6) 모자라겠어요 7) 잘 봤겠어요

7.

기본형	-아/어서	기본형	-아/어서
가다	가서	씻다	씻어서
오다	와서	앉다	앉아서
사다	사서	걸다	걸어서
만나다	만나서	벌다	벌어서
일어나다	일어나서	썰다	썰어서
서다	서서	만들다	만들어서
끓이다	끓여서	*자르다	잘라서
그리다	그려서	*고르다	골라서
찌다	쪄서	*눕다	누워서
튀기다	튀겨서	*굽다	구워서
*쓰다	써서	볶다	볶아서

8. 1) 어제 학교에 가서 친구를 만났어요
2) 꽃을 사서 선생님께 드릴 거예요
3) 이 종이에 전화번호와 주소를 써서 내일 가지고 오세요
4) 요리를 해서 친구에게 주었어요
5) 친구를 만나서 명동에 갔어요
6) 버스에 사람이 많지 않아서 의자에 앉아서 왔어요
7) 날씨가 더우니까 커피숍에 들어가서 기다리세요

9. 〈규칙〉

기본형	-(스)ㅂ니다	-아/어요	-았/었어요	-아/어서	-(으)면
웃다	웃습니다	웃어요	웃었어요	웃어서	웃으면
벗다	벗습니다	벗어요	벗었어요	벗어서	벗으면
빗다	빗습니다	빗어요	빗었어요	빗어서	빗으면
씻다	씻습니다	씻어요	씻었어요	씻어서	씻으면

〈불규칙〉

기본형	-(스)ㅂ니다	-아/어요	-았/었어요	-아/어서	-(으)면
낫다	낫습니다	나아요	나았어요	나아서	나으면
붓다	붓습니다	부어요	부었어요	부어서	부으면
젓다	젓습니다	저어요	저었어요	저어서	저으면
짓다	짓습니다	지어요	지었어요	지어서	지으면

알기 쉽고 재미있는

중앙 한국어 워크북

2

하

차 례

11과 데니 씨도 저처럼 실수한 적이 있어요?

1. 다음에서 알맞은 단어를 골라 쓰십시오.

실수하다	사과하다	싸우다
오해하다	화해하다	변명하다

1) 앞에 걸어가는 사람이 제 친구와 뒷모습이 비슷했어요. 그래서 제 친구 이름을 부르면서 어깨를 잡았어요. 하지만 친구가 아니었어요. (　　　　　　)

2) 친구와 싸웠어요. 얼마 후에 서로 미안해하며 서로 잘못을 이야기하고 다시 친하게 지내요. (　　　　　　)

3) "미안합니다.", "죄송합니다." (　　　　　　)

4) "길이 막혀서 지각했어요.", "친구 때문에 숙제를 못 했어요." (　　　　　　)

5) 동생이 내 옷을 입어서 동생에게 화를 냈어요. 동생도 저에게 화를 냈어요. (　　　　　　)

6) 수미 씨는 남동생과 친해요. 얼마 전에 수미 씨는 남동생과 영화를 보고 커피를 마셨어요. 그런데 수미 씨의 남자 친구가 이것을 보고 남동생을 새 남자 친구라고 생각했어요. (　　　　　　)

2. 〈보기〉와 같이 대화를 만드십시오.

보기

고향에서 한국 드라마를 보다

가: 고향에서 한국 드라마를 본 적이 있어요?

나: 네, 한국 드라마를 **본 적이 있어요**. / 아니요, 한국 드라마를 **본 적이 없어요**.

1) 한국에서 아르바이트를 해 보다

가: ______________________________?

나: ______________________________.

2) 한국 음식을 만들어 보다

가: ______________________________?

나: ______________________________.

3) 인사동에 가 보다

가: ______________________________?

나: ______________________________.

4) 한국에 오기 전에 회사에 다니다

가: ______________________________?

나: ______________________________.

5) 좋아하는 연예인을 만나다

가: ______________________________?

나: ______________________________.

6) 노래방에서 한국 노래를 불러 보다

가: ______________________________?

나: ______________________________.

3. 다음 표를 완성하십시오.

기본형	-(으)ㄹ 때	-았/었을 때
가다	갈 때	갔을 때
오다		
먹다		
읽다		
쓰다		
가르치다		
식사하다		
공부하다		
*묻다		
*듣다		
*걷다		
*놀다		
*살다		
*만들다		
*돕다		
*눕다		
고르다		
부르다		

4. 다음에서 알맞은 것을 골라 ○표 하십시오.

1) 어제 내가 요코 씨한테 (전화할 때 / 전화했을 때) 요코 씨가 집에 없었어요.

2) 한국에서 친구의 부모님을 (부를 때 / 불렀을 때) 어떻게 불러요?

3) 오늘 학교에 (도착할 때 / 도착했을 때) 교실에 사람이 없었어요.

4) 저는 옷을 (사러 갈 때 / 사러 갔을 때) 친구와 함께 가요.

5) 밥을 (먹을 때 / 먹었을 때) 천천히 먹으면 살이 찌지 않아요.

6) 듣기 공부를 (할 때 / 했을 때) 받아쓰기를 하는 것이 좋아요.

7) 작년에 많이 (아플 때 / 아팠을 때) 정말 힘들었어요.

5. 〈보기〉와 같이 '았/었을 때'를 사용해서 문장을 완성하십시오.

보기

약속에 **늦었을 때** 친구에게 사과했어요. (약속에 늦다)

1) ______________________ 어떻게 했어요?
(숙제를 잘못하다)

2) ______________________ 생강차를 마시면 좋아요.
(감기에 걸리다)

3) 어제 ______________________ 저녁 7시였어요.
(집에 도착하다)

4) ______________________ 외로워서 정말 힘들었어요.
(처음 한국에 오다)

5) 아까 ______________________, 거기에서 아는 친구를 만났어요.
(도서관에 가다)

6) ______________________ 기분이 정말 좋았어요.
(친구에게서 생일 선물을 받다)

7) ______________________ 서비스 센터에 전화하세요.
(텔레비전이 고장 나다)

6. 〈보기〉와 같이 '-거든요'를 사용해서 질문에 대답하십시오.

보기

가: 왜 집에 못 들어가고 있어요?

나: 열쇠를 **잃어버렸거든요**. (열쇠를 잃어버리다)

1) 가: 이 식당은 왜 유명해요?

나: 음식이 ______________________. (음식이 맛있다)

2) 가: 어제 왜 늦게 퇴근하셨어요?

나: ______________________. (일이 너무 많다)

3) 가: 커피를 드릴까요?

나: 괜찮아요. 아까 ______________________. (마시다)

4) 가: 왜 갑자기 요리를 해요?

나: ______________________. (친구들을 초대하다)

5) 가: 왜 선물을 샀어요?

나: 오늘이 유민 씨 ______________________. (생일이다)

6) 가: 목소리가 왜 그래요?

나: ______________________. (감기에 걸리다)

7) 가: 계속 전화했는데 왜 전화를 안 받았어요?

나: 아까 ______________________. (음악을 듣고 있다)

7. 다음에서 알맞은 표현을 골라 〈보기〉와 같이 질문에 대답하십시오.

보기

가: 아까 왜 전화를 안 받았어요?
나: 전화벨 소리를 못 **들었거든요**. (전화벨 소리를 못 듣다)

1) 가: 눈이 많이 오니까 학교에 가지 마세요.
나: 오늘은 꼭 학교에 가야 해요.
오늘 ______________________________. (시험이 있다)

2) 가: 왜 부산에 가요?
나: 친한 친구가 부산에서 ______________________________. (결혼하다)

3) 가: 내일 무슨 파티를 해요?
나: 줄리아 씨 송별회예요.
줄리아 씨가 ______________________________. (고향으로 돌아가다)

4) 가: 은희 씨, 오늘 왜 모임에 안 가요?
나: ______________________________. (동생 생일이다)
그래서 집에 일찍 가야 해요.

5) 가: 오늘 저녁에 영화 보러 갈까요?
나: 다음에 가요. 집에 가서 ______________________________. (숙제를 해야 하다)

6) 가: 오늘은 한국어를 배우러 안 가세요?
나: 네, 토요일에는 ______________________________. (수업이 없다)

8. 다음에서 알맞은 것을 골라 ○표 하십시오.

1) 제인 씨가 남자 친구에게 꽃을 받고 (기뻐요 / 기뻐해요).

2) 고향에 계시는 부모님이 보고 (싶어요 / 싶어 해요).

3) 시험공부 때문에 잠을 못 자서 (피곤해요 / 피곤해해요).

4) 친구가 약속에 늦게 왔어요. 그래서 친구가 (미안해요 / 미안해해요).

5) 마이클 씨가 제 이야기를 듣고 (재미있어요 / 재미있어해요).

6) 미국으로 유학 간 친구의 소식을 듣고 (반가웠어요 / 반가워했어요).

다음 대화를 듣고 (　　　　)에 쓰십시오.

카　일: 여보세요.

유나의 어머니: 여보세요.

카　일: 유나 씨, 저 카일인데요. 오늘 학교에 왜 안 왔어요?
(　　　　　　　　　　　)? 친구들이 (　　　　)을 많이 했어요.

유나의 어머니: 저…….

카　일: 유나 씨, 왜 그래요? 어디 (　　　　　　)? 왜 말이 없어요?

유나의 어머니: 나는 유나 엄마인데요.
유나는 (　　　　　　　　　) 지금 자고 있어요.

카　일: 아, 유나 씨 어머니세요? 죄송합니다. 저는 유나 씨 친구 카일(　　　　　　).
전화 (　　　　) 사람이 유나 씨라고 생각했어요.

유나의 어머니: 아니에요. (　　　　　　　). 전화해 줘서 고마워요.

카　일: 네, 알겠습니다. 감사합니다. 안녕히 계세요.

(다음 날)

카　일: 유나 씨, 어제 많이 아팠어요?

유　나: 네, 많이 아팠어요. 하지만 지금은 괜찮아요.
어제 (　　　　　　　　) 고마워요.

카　일: 제가 어제 유나 씨 어머니께 (　　　　)를 했어요. 미안해요. 유나 씨의 휴대폰으로 전화를 했기 때문에 전화 받은 사람이 유나 씨라고 (　　　　　　　).

유　나: 어머니한테 이야기를 들었어요. (　　　　　　　　) 마세요. 괜찮아요. 저도 그런 실수를 (　　　　　　　　　　).

카　일: 유나 씨는 어떤 실수를 했는데요?

유　나: 친구한테 전화를 했는데 친구의 언니가 받았어요. 그런데 친구와 친구 언니의 (　　　　　)가 정말 (　　　　　　　　　). 저는 그것도 모르고 친구의 언니한테 계속 이야기를 (　　　　　　　　　　).

12과 얼굴이 동그랗고 좀 통통한 편이에요

1. 다음에서 알맞은 단어를 찾아 쓰십시오.

부지런하다	얌전하다	외향적이다
내성적이다	급하다	게으르다

1) 지석 씨는 운전도 빨리하고 말도 빨리하고 식사도 빨리해요.
   지석 씨는 성격이 ____________________.

2) 유리 씨는 일찍 일어나고 학교에 일찍 가요. 숙제도 항상 해요.
   유리 씨는 ____________________.

3) 주연 씨는 조용한 편이에요. 말도 많지 않고 시끄럽지 않아요.
   주연 씨는 ____________________.

4) 종수 씨는 늦게 일어나요. 숙제도 잘하지 않아요. 청소도 잘하지 않아서 방도 더러워요. 운동하는 것도 좋아하지 않아요. 종수 씨는 ____________________.

5) 승호 씨는 친구가 많아요. 처음 만나는 사람과 이야기를 잘해서 친구들을 잘 사귀는 편이에요. 집에 있는 것보다 밖에서 활동하는 것을 좋아해요.
   승호 씨는 ____________________.

6) 진수 씨는 처음 만나는 사람과 이야기를 잘하지 못해요. 밖에 나가는 것보다 집에서 음악을 듣거나 책을 읽는 것을 좋아해요. 진수 씨는 ____________________.

2. 다음 표를 완성하십시오.

기본형	-(으)ㄴ/는 편이다	기본형	-(으)ㄴ/는 편이다
가다	가는 편이다	예쁘다	
오다		조용하다	
먹다		깨끗하다	
자다		*시끄럽다	
쓰다		*덥다	
부르다		*달다	
읽다		*길다	
듣다		*맛있다	
*만들다		*재미없다	
*놀다		적극적이다	
좋아하다		내성적이다	

3. '-(으)ㄴ/는 편이다'를 사용해서 문장을 완성하세요.

1) 가: 지금 아침 10시인데 민수 씨는 지금까지 자고 있어요?
   나: 네, 민수 씨는 ______________. (늦게 일어나다)

2) 가: 리사 씨는 오늘도 한국 음식을 만들었네요.
   나: 네, 리사 씨는 한국 음식을 좋아해서 ______________. (자주 만들다)

3) 가: 우리 오늘은 김치찌개를 먹을까요?
   나: 이 식당 김치찌개는 좀 ______________. 다른 것을 먹읍시다. (맵다)

4) 가: 준호 씨는 성격이 조용한 편이에요?
   나: 아니에요, 이야기도 잘하고 친구들도 많아요.
   ______________. (외향적이다)

5) 가: 준코 씨는 한국 친구가 많아요?
   나: 한국에 온 지 얼마 안 돼서 한국 친구가 ______________. (많지 않다)

6) 가: 가족들에게 이메일을 자주 쓰세요?
   나: 아니요, 자주 ______________. (쓰지 않다)
   저는 전화를 많이 해요.

4. '-(으)ㄴ/는 편이라서', '-(으)ㄴ/는 편이니까', '-(으)ㄴ/는 편인데'를 사용해서 문장을 완성하십시오.

1) 가: 은정 씨에게 어떤 선물을 주면 좋을까요?
나: 은정 씨는 ______________________ 커피를 사 주면 어때요?
(커피를 많이 마시다)

2) 가: 수영 씨는 학교 일을 열심히 하는 것 같아요.
나: 네, 성격이 ______________________ 학교 일도 열심히 하고 취미 생활도 열심히 해요. (적극적이다)

3) 가: 학교 앞에 있는 식당에 자주 가세요?
나: 네, 거기는 다른 식당보다 ______________________ 자주 가요.
(가격이 싸다)

4) 가: 새로 이사한 집은 어때요?
나: 집은 ______________________ 교통이 좀 불편해요.
(깨끗하다)

5) 가: 유진 씨는 신문을 많이 읽는 것 같아요.
나: 유진 씨는 신문은 ______________________ 뉴스는 잘 보지 않아요.
(많이 읽다)

6) 가: 이 가방 어때요? 이 가방을 살까요?
나: 그 가방은 좀 ______________________ 사지 마세요.
(무겁다)

5. <보기>와 같이 '-지 않아요?', 'N(이/가) 아니에요?'를 사용해서 질문을 만드십시오.

보기

가: 명동에 사람이 정말 **많지 않아요**?

나: 네, 사람이 정말 많네요.

1) 가: 오늘 날씨가 정말 ____________________?

나: 네, 정말 춥네요.

2) 가: 제주도 경치가 아주 아름다워요. 제주도에 ____________________?

나: 네, 정말 가고 싶어요.

3) 가: 이 영화가 정말 ____________________?

나: 네, 정말 재미있네요.

4) 가: 제인 씨가 매일 아침 운동을 ____________________?

나: 네, 매일 운동을 해요.

5) 가: 저 사람 ____________________?

나: 네, 마이클 씨가 맞는 것 같아요.

6) 가: 주영 씨는 정말 ____________________?

나: 맞아요. 정말 적극적이에요. 그래서 저는 주영 씨가 좋아요.

6. 다음 표를 완성하십시오.

기본형	-(스)ㅂ니다	-(으)ㄴ	-아/어요	-아/어서	-아/어지다
까맣다	까맣습니다				
노랗다		노란	노래요		
파랗다					
빨갛다				빨개서	
하얗다					
동그랗다					
좋다	좋습니다				

7. 다음 ________에 알맞게 쓰십시오.

1) 가: 수영 씨는 오늘 어떤 색 옷을 입고 있어요?

나: 오늘 ____________색 치마를 입고 있어요. (파랗다)

2) 가: 주영 씨, 얼굴이 ____________졌네요. (까맣다)

나: 네, 바다에 갔다 왔어요.

3) 가: 미셸 씨는 피부가 정말 ____________요. (하얗다)

나: 맞아요. 저도 그렇게 피부가 ____________면 좋겠어요. (하얗다)

4) 가: 한국말을 잘 못해서 부끄러워요.

나: 저도 한국말을 할 때 얼굴이 ____________져요. (빨갛다)

5) 가: 여동생이 어떻게 생겼어요?

나: 얼굴은 ____________요. 눈은 ____________고 입술은 ____________요.

(동그랗다) (까맣다) (빨갛다)

8. '-고 있다'를 사용해서 써 보십시오.

혜연 씨는

1) 선글라스를 ______________________.

2) 스카프를 ______________________.

3) 가방을 ______________________.

4) 짧은 치마를 ______________________.

쓰다	매다	들다	입다

조엘 씨는

1) 우산을 ______________________.

2) 양복을 ______________________.

3) 넥타이를 ______________________.

4) 구두를 ______________________.

쓰다	입다	매다	신다

왕명 씨는

1) 모자를 ______________________.

2) 배낭을 ______________________.

3) 점퍼를 ______________________.

4) 운동화를 ______________________.

쓰다	메다	입다	신다

인수 씨는

1) 목도리를 ______________________.

2) 점퍼를 ______________________.

3) 장갑을 ______________________.

4) 부츠를 ______________________.

매다	입다	끼다	신다

다음 대화를 듣고 (　　　　　)에 쓰십시오.

리 사: 진수 씨, 무슨 (　　　) 있어요? (　　　　　　　) 있어 보여요.

진 수: 사실은 다음 주에 파티가 있는데 (　　　　　　　　) 여자 친구가 없어요.

리 사: 그래요? 그럼 제가 여자 친구를 한 명 (　　　　　　　　　　　)?

진 수: 네, 소개해 주세요.

리 사: 진수 씨는 어떤 사람을 좋아해요?

진 수: 제가 (　　　　　　　　　　　)이라서 여자 친구는 (　　　　　)하고 (　　　　　　　) 이면 좋겠어요.

리 사: 그렇군요. 그럼 (　　　　　)는요? 어떻게 (　　　　　) 사람을 좋아해요?

진 수: (　　　　　)는 중요하지 않아요. 저는 (　　　　　)이 좋으면 다 괜찮아요.

리 사: 진수 씨는 (　　　　　) 남자들과 (　　　　　　　).
보통 남자들은 (　　　　　)보다는 (　　　　　)를 (　　　　　　　　) 생각하는 데…….

진 수: 다른 남자들은 (　　　　　)를 보지만 저는 (　　　　　)보다는 (　　　　　)을 (　　　　　　　　　　).

리 사: 맞아요. 저도 진수 씨와 같은 생각이에요. 얼굴이 예쁜데 (　　　　　)이 안 좋으면 오래 (　　　　　　　　　　　) 같아요. 그런데 진수 씨, 지금 누구를 보고 있어요?

진 수: 리사 씨, 저 여자 정말 예쁘지 않아요? 저기 짧은 치마를 입고 까만색 선글라스를 (　　　　　　) 여자요.

리 사: 네~?

진 수: 얼굴도 (　　　　　　　)고 눈도 크고 키도 크고 몸도 날씬하고……. 저 여자가 제 (　　　　　　　)이에요. 저 여자한테 남자 친구가 (　　　　　　　)?

리 사: 진수 씨!

13과 처방전은 가지고 오셨나요?

1. 다음과 같이 아플 때 어느 병원에 갑니까?

보기

피부과	치과	안과	이비인후과	정형외과	내과

1) 목이 부어서 ________________에 갑니다.

2) 이가 썩어서 ________________에 갑니다.

3) 팔이 부러져서 ________________에 갑니다.

4) 귀가 아파서 ________________에 갑니다.

5) 피부가 가려워서 ________________에 갑니다.

6) 눈이 따가워서 ________________에 갑니다.

7) 소화가 안 돼서 ________________에 갑니다.

2. 어느 것이 맞습니까? 맞는 것을 고르십시오.

1) 다리가 부러져서 병원에 (입원했어요 / 퇴원했어요).

2) 체해서 (소독약 / 소화제)을/를 먹었어요.

3) 뜨거운 물에 데어서 (주사 / 연고)을/를 발랐어요.

4) 머리가 아파서 (진통제 / 감기약)을/를 먹었어요.

5) 병원에서 받은 (의료 보험증 / 처방전)을/를 가지고 약국에 가서 약을 샀어요.

6) 친구가 교통사고가 나서 병원에 있어요. 그래서 (병문안 / 인사)을/를 갔어요.

7) 약국에 가서 약을 (지었어요 / 주었어요).

3. 다음 표를 완성하십시오.

기본형	-아/어도	기본형	-아/어도
작다	작아도	가다	
*크다		자다	
*바쁘다		오다	
*아프다		*듣다	
높다		*걷다	
달다		살다	
멀다		만들다	
*맵다		입다	
*무섭다		*돕다	
*모르다		*눕다	
*다르다		*부르다	
*빠르다		*자르다	
친절하다		일하다	
깨끗하다		공부하다	

4. 〈보기〉와 같이 '-아/어도'를 사용해서 두 문장을 연결하십시오.

보기

날씨가 추워요. 운동을 꼭 해요.

➡ 날씨가 **추워도** 운동을 꼭 해요.

1) 계속 전화해요. 받지 않아요.

➡ ______________________________.

2) 많이 바빠요. 어머니께 전화를 해야 해요.

➡ ______________________________.

3) 한국어가 어려워요. 계속 배울 거예요.

➡ ______________________________.

4) 몸이 많이 아파요. 학교에 꼭 가야 해요.

➡ ______________________________.

5) 약을 먹어요. 감기가 낫지 않아요.

➡ ______________________________.

6) 책을 여러 번 읽어요. 이해가 안 돼요.

➡ ______________________________.

7) 반바지를 입어요. 너무 더워요.

➡ ______________________________.

5. 〈보기〉와 같이 '-아/어도'를 사용해서 질문에 대답하십시오.

보기

가: 왜 요즘 이렇게 많이 먹어요?

나: 이상해요. 많이 **먹어도** 배가 부르지 않아요.

1) 가: 내일 비가 오면 소풍을 안 갈 거예요?

나: 아니요, ______________ 소풍을 갈 거예요.

2) 가: 방학을 하면 쉴 수 있어서 좋겠어요.

나: 아니요, 방학을 ______________ 해야 할 일이 많아요.

3) 가: 반지를 찾았어요?

나: 아니요, 방을 다 ______________ 반지가 안 보여요.

4) 가: 요즘 너무 춥지요?

나: 네, 너무 추워서 옷을 많이 ______________ 추워요.

5) 가: 지연 씨, 점심을 안 먹었어요?

나: 아니요, 먹었어요. 그런데 요즘은 많이 ______________ 또 배가 고파요.

6) 가: 미영 씨, 무슨 걱정이 있어요?

나: 운동을 열심히 ______________ 살이 잘 안 빠져요.

6. 〈보기〉와 같이 문장을 만드십시오.

보기

한 번에 약을 **3알씩** 먹어요.
(3알, 먹다)

1) 하루에 물을 ______________________.
(8컵, 마시다)

2) 하루에 ______________________.
(5시간, 공부하다)

3) 하루에 ______________________.
(9시간, 자다)

4) 한 달에 보통 ______________________.
(5번, 농구하다)

5) 하루에 책을 ______________________.
(1시간, 읽다)

6) 일주일에 ______________________.
(2번, 부모님께 전화하다)

7. 다음 표를 완성하십시오.

기본형	–(으)ㄴ가요?	–았/었나요?	기본형	–나요?	–았/었나요?
작다	작은가요?	작았나요?	가다	가나요?	갔나요?
크다			자다		
바쁘다			오다		
아프다			듣다		
높다			걷다		
달다			살다		
멀다			만들다		
맵다			입다		
무섭다			돕다		
덥다			눕다		
다르다			부르다		
빠르다			모르다		
친절하다			일하다		
깨끗하다			공부하다		

8. 〈보기〉와 같이 '-나요?', '-(으)ㄴ가요?'를 사용해서 질문을 만드십시오.

보기

가: 에릭 씨, 운동을 **하나요**?

나: 아니요, 시간이 없어서 운동을 못 해요.

1) 가: 유민 씨는 어떤 영화를 ____________________?

나: 저는 공포 영화를 좋아해요.

2) 가: 제인 씨는 한국에 언제 ____________________?

나: 작년 여름에 왔는데요.

3) 가: 왕명 씨는 매운 음식을 잘 ____________________?

나: 네, 잘 먹어요.

4) 가: 한국어를 배운 후에 무엇을 ____________________?

나: 한국에 있는 대학교에 들어가고 싶어요.

5) 가: 교실이 ____________________?

나: 네, 너무 더워요.

6) 가: 호앙 씨는 어느 나라 ____________________?

나: 호앙 씨는 베트남 사람이에요.

7) 가: 공연 시작 시간이 ____________________?

나: 저녁 7시인데요.

9. 〈보기〉와 같이 '-기 위해서'를 사용해서 대답하십시오.

보기

가: 스트레스를 받았을 때 어떻게 해요?

나: 스트레스를 **풀기 위해서** 노래방에 가서 노래를 불러요.

1) 가: 한국말을 잘하고 싶으면 어떻게 해요?

나: ______________________________.

2) 가: 오늘 일찍 자야 해요. 그런데 잠이 안 와요. 그러면 어떻게 해요?

나: ______________________________.

3) 가: 방학 때 여행을 가고 싶어요. 그러면 어떻게 해요?

나: ______________________________.

4) 가: 요즘 날씨가 추워서 감기에 걸리기 쉬워요. 감기에 걸리지 않고 싶어요. 그러면 어떻게 해요?

나: ______________________________.

5) 가: 시험을 잘 보고 싶어요. 그러면 어떻게 해요?

나: ______________________________.

6) 가: 내일 아침에 일찍 일어나야 해요. 그러면 어떻게 해요?

나: ______________________________.

다음 대화를 듣고 (   )에 쓰십시오.

석 준: 진진 씨, 오랜만이에요. 반가워요.
그런데 무슨 일이 있어요? (   ).

진 진: 요즘 (   )를 많이 (   ) 계속 잠을 못 자요.

석 준: 그래요? 그러면 (   ) 하고 (   ) 우유를 한 잔 마셔 보세요. 그러면 잘 잘 수 있을 거예요.

진 진: 저도 (   ) 잘 (   ) 여러 가지 방법을 다 사용해 봤어요. 그런데 그 방법들을 (   ) 잠이 오지 않아요. 그리고 잠을 못 자니까 스트레스를 더 (   ). 어떻게 하면 (   )?

석 준: (   ) 걱정을 하지 말고 (   ) 생각하세요.
그런데 무엇 때문에 그렇게 스트레스를 많이 (   )?

진 진: 대학교 (   ) 때문이에요. 석준 씨는 대학교를 졸업했으니까 제 마음을 모를 거예요.

석 준: 아니에요, 저도 그때 스트레스를 많이 받았어요.
그래서 (   ) 머리가 (   ). 그래서 그것 때문에 또 스트레스를 받았어요.

진 진: 정말이요? 석준 씨도 많이 (   ).

(지하철 안내 방송: 이번 역은 잠실, 잠실역입니다. 내리실 문은 오른쪽입니다.)

석 준: 저는 여기에서 내려야 해요. 그리고 진진 씨, 잠을 너무 못 자면 건강에 안 좋으니까 병원에 가서 의사 선생님과 상담을 하세요.

진 진: 네, 알았어요. 제 이야기를 들어 줘서 고마워요. 안녕히 가세요.

14과 금요일에 송별회가 있잖아요

1. 다음 표를 완성하십시오.

기본형	-(으)ㄹ 테니까	기본형	-(으)ㄹ 테니까
자다	잘 테니까	받다	
보다		*듣다	
오다		*묻다	
쓰다		*걷다	
사다		입다	
그리다		*돕다	
가르치다		*만들다	
공부하다		*열다	
먹다		*팔다	
읽다		*짓다	

2. 〈보기〉와 같이 '-(으)ㄹ 테니까'를 사용해서 ________에 맞게 쓰십시오.

보기

가: 제가 저녁을 **살 테니까** 소화 씨는 커피를 사세요. (사다)

나: 좋아요. 제가 커피를 사겠어요.

1) 가: 컴퓨터가 고장 났어요. 어떻게 해요?

나: 제가 ________________ 걱정하지 마세요.

(고쳐 드리다)

2) 가: 주영 씨, 미안한데 10분 정도 늦을 것 같아요.

나: 그러면 학교 앞 커피숍에서 ________________ 천천히 오세요.

(기다리다)

3) 가: 조금 있으면 손님들이 오실 거예요.

나: 제가 음식을 ________________ 왕영 씨는 청소를 하세요.

(준비하다)

4) 가: 리에 씨의 생일에 무엇을 준비할까요?

나: 제가 ________________ 주영 씨는 사진기를 가지고 오세요.

(케이크를 사다)

5) 가: 유리 씨, 지갑이 없는데 500원 있어요?

나: ________________ 이따가 주세요.

(빌려 주다)

6) 가: 아주머니 조금 싸게 해 주세요.

나: 좋아요, 2,000원 ________________ 다음에 또 오세요.

(싸게 해 드리다)

3. '-잖아요'를 사용해서 대화를 완성하십시오.

1) 가: 오늘 길이 많이 막히네요. 학교에 무슨 일 있어요?

나: 오늘이 ______________________. (졸업식이다)

2) 가: 나타샤 씨는 노래방에 자주 가는 것 같아요.

나: 노래를 부르면 기분이 ______________________. (좋아지다)

3) 가: 요즘 외국에서 한국 남자 배우들이 인기가 많은 것 같아요.

나: 한국 남자 배우들이 ______________________. (잘생겼다)

4) 가: 수미 씨는 친구들이 많은 것 같아요.

나: 수미 씨가 ______________________. (성격도 좋고 귀엽다)

5) 가: 이 식당은 항상 사람이 많아서 기다려야 해요.

나: 음식이 ______________________. (맛있고 깨끗하다)

6) 가: 한국말을 정말 잘하시네요.

나: 한국에서 산 지 5년이나 ______________________. (되다)

7) 가: 다니엘 씨가 요즘 슬퍼 보여요.

나: 여자 친구와 ______________________. (헤어지다)

4. 다음 표를 완성하십시오.

기본형	-(으)ㄹ게요	기본형	-(으)ㄹ게요
가다	갈게요	받다	
보다		*듣다	
오다		*묻다	
쓰다		*걷다	
마시다		잡다	
그리다		*돕다	
가르치다		*만들다	
공부하다		*열다	
먹다		*살다	
부르다		*붓다	

5. 〈보기〉와 같이 '-(으)ㄹ게요'를 사용해서 ________에 맞게 쓰십시오.

보기

가: 누가 생일 케이크를 사 올 거예요?

나: 제가 케이크를 <u>사 **올게요**</u>.

1) 가: 식사를 했으니까 커피를 마실까요?

나: 좋아요. 민수 씨가 밥을 샀으니까 커피는 제가 ________________.

2) 가: 누가 먼저 발표를 할 거예요?

나: 제가 먼저 ________________.

3) 가: 오늘 호민 씨가 학교에 안 왔는데 누가 호민 씨의 전화번호를 알아요?

나: 제가 알아요. 제가 호민 씨한테 ________________.

4) 가: 담배를 계속 피우면 건강이 나빠집니다.

나: 네, 이제 ________________.

5) 가: 교실이 더운데 창문을 열까요?

나: 네, 제가 창문 옆에 있으니까 제가 창문을 ________________.

6) 가: 고향에 돌아가면 이메일을 보내세요.

나: 네, 고향에 가면 이메일을 꼭 ________________.

7) 가: 이번 시험이 어려우니까 시험 준비를 잘하세요.

나: 네, 열심히 ________________.

6. <보기>와 같이 '별로'를 사용해서 대화를 완성하십시오.

보기

가: 한국 음악을 자주 들어요?

나: 아니요, **<u>별로</u>** <u>듣지 않아요</u>.

1) 가: 민수 씨는 노래 부르는 것을 좋아해요?

나: 아니요, ______________________________.

2) 가: 비빔냉면이 매워요?

나: 아니요, ______________________________.

3) 가: 밖에 비가 많이 와요?

나: 아니요, ______________________________.

4) 가: 학생 식당에 학생들이 많아요?

나: 아니요, 점심시간이 지나서 ____________________.

5) 가: 선생님, 이번 시험이 어려워요?

나: 공부를 많이 했어요? 그러면 ____________________.

6) 가: 쇼핑을 자주 해요?

나: 아니요, 시간이 없어서 쇼핑을 ____________________.

다음 대화를 듣고 (   )에 쓰십시오.

제 인: 마크 씨, 이번 주 토요일에 파티를 하려고 하는데 시간 있어요?

마 크: 이번 주 토요일이 무슨 날이에요?

제 인: 마크 씨, 잊어버렸어요? 이번 주 토요일이 제 생일(   ). 지난주에 제가 (   ).

마 크: 아, 맞아요. 요즘 너무 바빠서 잊어버리고 있었어요. 미안해요. 그런데 그날 회사에서 일이 조금 늦게 (   ). 파티는 몇 시에 시작해요?

제 인: 6시쯤 시작할 거예요. (   ) 꼭 오세요.

마 크: 네, 제인 씨 생일이니까 꼭 (   ). 그런데 이번 생일이 (   ) 생일이에요?

제 인: (   ) 생일이에요.

마 크: 그러면 제인 씨가 (   )네요.

제 인: 호호, 그런가요?

마 크: 그런데 생일 파티에는 누가 와요?

제 인: 마크 씨가 다 (   ) 사람들이에요. 같이 한국어 수업을 (   ) 친구들하고 하숙집 친구들이 올 거예요.

마 크: 알았어요. (   ) 갈게요. 그리고 제가 케이크를 (   ).

제 인: 고마워요. 그러면 학교 후문에 있는 중앙 식당을 (   ) 하고 나서 거기로 오세요. 식사하고 나서 노래방에도 같이 가요.

마 크: 좋아요. 노래는 (   ) 잘 못하지만 친구들과 같이 가면 (   ).

제 인: 그럼 토요일에 만나요.

15과 "생신 축하드립니다."라고 말하세요

1. 그림을 보고 맞는 단어를 ________에 쓰십시오.

1) ____________ 2) ____________ 3) ____________

2. 다음은 가족 관계 그림입니다. 그림을 보고 ________에 맞는 말을 쓰십시오.

1)

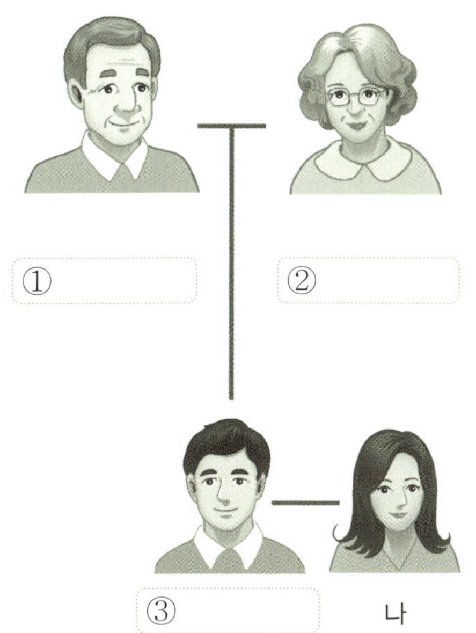

2)

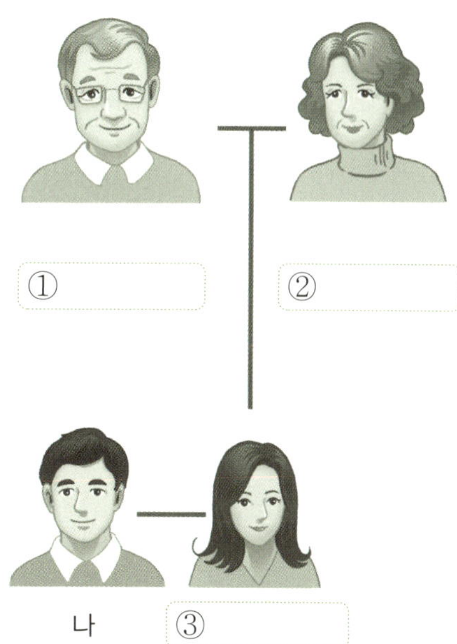

3. 다음 표를 완성하십시오.

명사			동사		
밥	➡	진지	먹다	➡	,
집			자다		
말			죽다		
생일			말하다		
나이			아프다		
사람			배고프다		
이름			있다		(사람) :
아내					(물건) :

4. 〈보기〉와 같이 존댓말로 바꿔 쓰십시오.

보기

동생이 집에 없습니다.

➡ 선생님께서 (**댁**)에 안 계십니다.

1) 오늘은 친구의 생일입니다.

➡ 오늘은 어머니의 ________입니다.

2) 형의 이름은 '이민수'입니다.

➡ 선생님의 ________은/는 '이민수'이십니다.

3) 내 동생은 밥을 잘 먹습니다.

➡ 할아버지께서는 ________을/를 잘 드십니다.

4) 교실에 학생이 몇 명 있어요?

➡ 교실에 선생님이 몇 ____ 계세요?

5) 이것은 친구한테서 받은 책입니다.

➡ 이것은 아버지________ 받은 책입니다.

6) 친구가 방에 없습니다.

➡ 할아버지________ 방에 안 계십니다.

5. 다음 문장을 존댓말로 고치십시오.

1) 마이클, 올해 몇 살이에요?

➡ 할머니, ______________________________?

2) 왕명 씨가 나에게 말했습니다.

➡ 교수님______________________________.

3) 친구의 생일이라서 친구에게 선물을 주었습니다.

➡ 아버지의 ______________________________.

4) 친구는 아파트에서 삽니다.

➡ 선생님______________________________.

5) 그 사람은 작년에 죽었습니다.

➡ 할머니______________________________.

6) 유민 씨 오늘 시간 있어요?

➡ 선생님, 오늘 ______________________________?

7) 민수 씨, 무엇을 마시겠어요?

➡ 할아버지, ______________________________.

6. 다음 질문에 '"　　"라고 말하다'를 사용해서 대답을 써 보십시오.

보기

한국에서는 1월 1일 설날에 무슨 말을 합니까?

➡ "새해 복 많이 받으세요."**라고 말합니다**.

1) 한국 사람들은 처음 만났을 때 무슨 말을 합니까?

➡ ______________________________.

2) 한국 사람들은 사람을 만나고 나서 헤어질 때 무슨 말을 합니까?

➡ ______________________________.

3) 옷을 사고 싶은데 옷이 조금 비싼 것 같습니다.

그러면 옷가게 주인에게 뭐라고 말할 겁니까?

➡ ______________________________.

4) 지금 여러분은 서울역에 가야 합니다. 그런데 길을 잘 모릅니다.

그러면 지나가는 사람에게 뭐라고 물어야 합니까?

➡ ______________________________

______________________________.

5) 결혼하고 싶은 남자 / 여자에게 무슨 말을 하겠습니까?

➡ ______________________________.

6) 오랜만에 만난 친구에게 무슨 말을 하겠습니까?

➡ ______________________________.

7. 다음 표를 완성하십시오.

기본형	-는 동안	기본형	-는 동안
가다	가는 동안	깎다	
자다		읽다	
오다		듣다	
보다		걷다	
지내다		*살다	
기다리다		*놀다	
쓰다		*만들다	
자르다		*불다	
고르다		붓다	
회의하다		짓다	
포장하다		돕다	
이야기하다		줍다	

8. 다음 질문에 '-는 동안'을 사용해서 대답을 써 보십시오.

1) 여러분은 한국에서 사는 동안 무엇을 하고 싶습니까?

______________________________.

2) 외국여행을 하는 동안 무엇이 제일 힘들었습니까?

______________________________.

3) 여러분은 친구를 기다리는 동안 보통 무엇을 합니까?

______________________________.

4) 여러분은 고향에 가는 동안 비행기에서 무엇을 합니까?

______________________________.

5) 오늘 학교에 오는 동안 길에서 무엇을 보았습니까?

______________________________.

6) 3개월 동안 다이어트를 할 겁니다. 다이어트를 하는 동안 무엇을 하면 안 됩니까?

______________________________.

9. '하나도', '한 N도'를 사용해서 다음 질문에 대답을 쓰십시오.

1) 가: 이탈리아어를 잘해요?

나: 아니요, ______________________________.

2) 가: 반지가 몇 개 있어요?

나: ______________________________.

3) 가: 김밥이 매워요?

나: 아니요, ______________________________.

4) 가: 한국어가 어려워요?

나: 아니요, ______________________________.

5) 가: 어제 백화점에 가서 옷을 몇 벌 샀어요?

나: ______________________________.

6) 가: 내일이 시험인데 시험공부 많이 했어요?

나: 아니요, ______________________________.

10. 다음 문장에서 틀린 부분을 찾아 맞게 고치십시오.

1) 안녕하세요? 제 성함은 이민우입니다.

2) 할아버지의 나이는 일흔 다섯 살입니다.

3) 내 생일에 아버지께서 나에게 선물을 드렸습니다.

4) 저는 아버지께 꽃을 주실 겁니다.

5) 한국에서 3년 산 동안 재미있는 일이 많았습니다.

6) 어제 내가 공부했는 동안 동생은 책을 읽었습니다.

7) 그 영화가 하나도 재미있어요.

8) 한국 노래를 하나도 안 알아요.

9) 한국어로 "감사합니다."다로 말하고 영어로 "Thank you."다고 말해요.

10) 날씨가 추워서 꽃이 돌아가셨습니다.

11) 선생님, 내일 시간 계세요? 같이 식사를 하고 싶어요.

12) 아버지께서는 한국 음식을 좋아하십니다. 그중에서 비빔밥을 잘 먹으십니다.

13) 내가 청소를 한 동안 친구는 요리를 했습니다.

14) 처음 보겠습니다. 내 이름은 마이클입니다.

15) 지금 지갑에 돈이 하나만 없어요.

다음 대화를 듣고 (   )에 쓰십시오.

린 다: 재호 씨는 할아버지, 할머니가 (   )?

재 호: 할머니는 3년 전에 (   ) 할아버지는 저희 부모님과 함께 살고 (   ).

린 다: 할아버지의 (   )가 (   )?

재 호: 올해 (   )이신데 아주 건강하세요.

일찍 (   ) 일찍 (   ).

린 다: 할아버지(   ) 운동을 자주 (   )?

재 호: (   ) 운동은 안 하시는데 날씨가 좋을 때는 공원에서 (   )을 하세요.

린 다: 할아버지께서 (   ) 음식을 (   )?

재 호: 할아버지께서는 (   )를 좋아하세요. 고기는 하나도 안 (   ).

그리고 음식을 많이 (   ).

린 다: 아, 그래서 건강하시군요. 재호 씨는 할아버지를 자주 (   )?

재 호: 아니요, 회사 일이 바빠서 자주 (   ) 못해요.

린 다: 할아버지께서 재호 씨에게 자주 하시는 (   )이 뭐예요?

재 호: 할아버지께서는 "언제나 모든 일에 감사해야 한다."(   ) 우리에게 (   ).

16과 처음 가는 길도 잘 찾을 수 있게 되었어요

1. 알맞은 단어를 골라 쓰십시오.

기능	알람 시계	이어폰	동영상	내비게이션	충전

1) 제 핸드폰에는 많은 ____________이 있습니다. 사진도 찍을 수 있고 인터넷도 할 수 있고 음악도 들을 수 있습니다.

2) 도서관에서 음악을 들을 때는 ____________을 끼고 들어야 합니다.

3) 가: 아침에 왜 지각했어요?
   나: ____________가 고장 나서 9시에 일어났거든요.

4) 버스 카드에 500원밖에 안 남았어요. 그래서 버스 카드를 ____________ 해야 해요.

5) 가: 어서 오세요. 집 찾기 힘들지 않았어요?
   나: 아니요, ____________이 있어서 길을 쉽게 찾을 수 있었어요.

6) 가: 요즘 유행하는 춤을 배우고 싶은데 어떻게 해야 돼요?
   나: 인터넷에 가면 그 춤 ____________이 있어요. 그것을 보면서 연습하면 돼요.

2. 표를 완성하십시오.

기본형	-았/었었어요	기본형	-았/었었어요
가다	갔었어요	*듣다	
오다		*걷다	
보다		*묻다	
읽다		살다	
먹다		만들다	
자다		열다	
만나다		*짓다	

기본형	-았/었었어요	기본형	-았/었었어요
길다		*예쁘다	
짧다		*크다	
맑다		*춥다	
작다		*덥다	
통통하다		*하얗다	
*마르다		*까맣다	

3. 〈보기〉와 같이 '-았/었었어요'를 사용해서 문장을 쓰십시오.

보기

2년 전에 일본말을 못하다 / 지금은 일본말을 잘하다

➡ 2년 전에는 일본말을 **못했었어요**.

그런데 지금은 일본말을 잘해요.

1) 작년에는 학원에서 수학을 가르치다 / 지금은 회사에 다니다

➡ ______________________________.

2) 지난달에는 한가하다 / 이번 달은 약속이 많다

➡ ______________________________.

3) 고향에 있을 때는 커피를 안 마시다 / 서울에서는 많이 마시다

➡ ______________________________.

4) 어렸을 때는 키가 작다 / 지금은 키가 크다

➡ ______________________________.

5) 고등학교 때는 농구를 많이 하다 / 지금은 등산을 많이 하다

➡ ______________________________.

6) 대학생 때는 자유 여행을 좋아하다 / 지금은 패키지 여행을 좋아하다

➡ ______________________________.

7) 고향에서는 시골에 살다 / 지금은 도시에 살다

➡ ______________________________.

4. 표를 완성하십시오.

기본형	-게 돼요	-게 되었어요/됐어요	-게 될 거예요
잘하다	잘하게 돼요	잘하게 됐어요	잘하게 될 거예요
보다			
읽다			
먹다			
좋아하다			
이해하다			
일어나다			
알아듣다			
잘하다			
할 수 있다			
듣다			
걷다			
묻다			
알다			
만들다			

5. '-게 되다'를 사용해서 ________에 맞게 쓰십시오.

1) 저는 커피를 마시지 않았었어요. 그런데 제 여자 친구가 커피를 좋아해서 자주 마셨어요. 이제는 커피를 ________________.

2) 어렸을 때는 무서워서 놀이 기구를 못 탔었어요. 그런데 친구들과 놀이공원에 자주 가서 탔어요. 이제는 놀이 기구를 ________________.

3) 한국에 오기 전에는 술을 잘 못 마셨어요. 그런데 한국에서는 한국 친구들과 자주 술을 마셔야 했어요. 이제는 술을 ________________.

4) 가: 수미 씨를 알아요? 수미 씨를 어떻게 알아요?
   나: 한 달 전에 왕명 씨가 소개해 줘서 수미 씨를 ________________.

5) 가: 한국 생활이 아직도 힘들어요?
   나: 한국에 2년 동안 살아서 이제는 ________________.

6) 가: 한국 음식이 너무 매워서 못 먹겠어요.
   나: 지금은 힘들지만 계속 먹으면 ________________.

7) 가: 저는 수영을 잘하고 싶은데 너무 못해요.
   나: 수영장에 다니면서 열심히 연습하면 수영을 ________________.

6. 표를 완성하십시오.

기본형	-(으)니까	기본형	-(으)니까
가다	가니까	받다	
보다		*듣다	
오다		*묻다	
쓰다		*걷다	
타다		잡다	
그리다		*돕다	
가르치다		*만들다	
먹다		*열다	
전화하다		*살다	
도착하다		*붓다	

7. 〈보기〉와 같이 '-(으)니까'를 사용해서 ________에 맞게 쓰십시오.

> **보기**
>
> 가: 어제 집에 일찍 들어갔어요?
>
> 나: 아니요, 집에 **가니까** 12시였어요. (집에 가다)

1) 가: 어제 미영 씨랑 통화했어요?

   나: ______________________ 안 받았어요. 그래서 통화를 못 했어요.

   (전화하다)

2) 가: 마이클 씨가 다음 주에 한국에 올 거예요.

   나: 어떻게 알았어요?

   가: ______________________ 마이클 씨한테서 온 이메일이 있었어요.

   (이메일을 확인하다)

3) 가: 왜 어제 농구 안 했어요?

   나: 농구하려고 했는데 ______________________ 비가 오고 있었어요.

   그래서 안 했어요. (밖에 나가다)

4) 가: 쇼핑 많이 했네요.

   나: 네, ______________________ 50% 세일을 하고 있었어요.

   (백화점에 가다)

5) 가: 왜 수업에 안 왔어요?

   나: ______________________ 벌써 11시였어요. 늦어서 못 갔어요.

   (아침에 일어나다)

6) 가: 어떻게 우산을 가지고 왔어요?

   나: ______________________ 오후에 비가 올 거라고 했어요.

   (일기예보를 듣다)

8. 〈보기〉와 같이 '-아/어 보니까'를 사용해서 대답해 보십시오.

보기
가: 서울에서 지하철을 타 봤어요? 어땠어요?
나: **타 보니까** 편리하고 좋았어요.

1) 가: 명동에 가 봤어요? 어땠어요?
나: ______________________________.

2) 가: 한국말을 배워 보니까 어때요?
나: ______________________________.

3) 가: 한국 음식을 먹어 봤어요? 어때요?
나: ______________________________.

4) 가: 유학 생활을 해 보니까 어때요?
나: ______________________________.

5) 가: 그 옷을 입어 보니까 어때요?
나: ______________________________.

6) 가: 그 노래를 들어 보니까 어때요?
나: ______________________________.

9. 〈보기〉와 같이 '-기도 하고 -기도 하다'를 사용해서 대답하십시오.

> **보기**
>
> 가: 주말에는 뭐 하세요?
>
> 나: 친구를 **만나기도 하고** 집에서 **쉬기도 해요**.
>
> (친구를 만나다 / 집에서 쉬다)

1) 가: 여행하다가 길을 잃어버리면 어떻게 해요?

   나: ______________________________.

   (사람들에게 물어보다 / 지도를 보다)

2) 가: 매일 집에서 식사해요?

   나: 아니요, ______________________________.

   (집에서 요리하다 / 밖에서 먹다)

3) 가: 친구들은 고등학교를 졸업한 후에 뭐 했어요?

   나: ______________________________.

   (대학교에 가다 / 취직을 하다)

4) 가: 어제 왜 집에 일찍 갔어요?

   나: ______________________________.

   (피곤하다 / 아프다)

5) 가: 그 핸드폰을 왜 안 샀어요?

   나: ______________________________.

   (비싸다 / 내가 좋아하는 디자인이 아니다)

6) 가: 왜 그 식당에 자주 가세요?

   나: ______________________________.

   (맛있다 / 회사에서 가깝다)

다음 대화를 듣고 (   )에 쓰십시오.

윤 호: 리사 씨, 제 (   ) 휴대폰 (   )?

리 사: 윤호 씨, 또 휴대폰 샀어요?
그런데 (   ) 것도 산 지 얼마 안 (   ).

윤 호: 지난번 휴대폰은 디자인이 별로였어요. 이 휴대폰은 디자인도 멋있고 인터넷 (   )도 (   )예요. 그리고 (   ) 아주 편하고 좋아요.

리 사: 윤호 씨는 (   ) 휴대폰을 자주 사용해요?

윤 호: 그럼요. 휴대폰으로 음악도 듣고 게임도 하고 사진도 찍고 텔레비전도 보고 인터넷도 하고 친구들한테 (   )…….
휴대폰이 없으면 (   ).

리 사: 혼자 있는 시간에 휴대폰으로 여러 가지 일을 하는군요!

윤 호: 리사 씨는 혼자 있을 때 뭐 하세요?

리 사: 저는 조용히 책을 (   ) 산책을 (   ) 해요. 예전에는 책을 (   ) 혼자서 생각하는 사람이 (   ). 그런데 요즘은 사람들이 휴대폰만 너무 열심히 하는 것 같아요.

윤 호: 그러면 리사 씨는 휴대폰이 필요 없어요?

리 사: 네, 저는 휴대폰이 없으면 더 (   ).
휴대폰은 (   ) 피곤해요.

윤 호: 하지만 휴대폰이 없으면 불편하지 않을까요?

리 사: 아니요, 저는 휴대폰이 (   ).
어? 윤호 씨, 수업 시간이네요. 이제 갈까요?
오늘 커피 값은 (   ).
어머, 어떻게 해요 ? 지갑을 안 (   ).

윤 호: 그럼 제가 (   ). 이 휴대폰으로 (   )도 낼 수 있어요.

리 사: 이럴 때는 휴대폰이 좋네요.

17과 게시판에 동아리 모집 광고가 붙어 있어요

1. 다음 표를 완성하십시오.

기본형	-(으)ㄹ래요? // -(으)실래요?	기본형	-(으)ㄹ래요? // -(으)실래요?
가다	갈래요? / 가실래요?	신청하다	
사다		*살다	
타다		*만들다	
만나다		*팔다	
보다		*놀다	
읽다		*돕다	
먹다		부르다	
쓰다		자르다	
끄다		*짓다	
보내다		*붓다	
활동하다		*듣다	
가입하다		*걷다	

2. '-(으)ㄹ래요? // -(으)실래요?'를 사용해서 ________에 맞게 쓰십시오.

1) 가: 주말에 우리 동아리에서 등산을 가는데 현주 씨도 같이 ____________? (가다)

나: 미안해요. 주말에 약속이 있어요.

2) 가: 배가 고파서 지금 점심 먹으러 가는데 지수 씨는 언제 ____________? (드시다)

나: 저는 이따가 먹을래요.

3) 가: 많이 걸어서 다리가 아픈데 우리 저 의자에 ____________? (앉다)

나: 네, 좀 앉읍시다.

4) 가: 여보세요? 수진 씨, 저 카일이에요.

나: 카일 씨, 미안한데요, 지금 회의하고 있어요.

1시간 후에 다시 ______________? (전화해 주다)

5) 가: 우리 댄스 동아리에 ______________________? (가입하지 않다)

나: 네, 좋아요. 저도 춤추는 것을 좋아해요.

6) 가: 점심 먹고 나서 밖에서 좀 ____________? (걷다)

나: 네, 좋아요. 같이 걸어요. 오늘 날씨가 좋네요.

7) 가: 이 차가 아주 맛있는데 좀 ______________________? (마셔 보다)

나: 네, 고마워요.

3. '-(으)ㄹ래요'를 사용해서 ________에 맞게 쓰십시오.

1) 가: 오늘 바빠서 저는 동아리 신청을 내일 할 건데 은주 씨는 언제 할래요?

나: 그럼 저도 내일 ________________. (신청하다)

2) 가: 이 식당은 순두부찌개가 유명한데 먹어 볼래요?

나: 전 매운 음식을 못 먹어요. 다른 음식을 ________________. (먹다)

3) 가: 친구들하고 춤을 추러 가는데 수영 씨도 같이 갑시다.

나: 미안해요. 오늘 저는 할 일이 많아서 ________________. (안 가다)

4) 가: 준호 씨의 생일에 무엇을 준비하려고 해요?

나: 준호 씨가 과자를 좋아하니까 과자를 ________________. (만들다)

5) 가: 2시간 후에 수업을 시작하는데 수미 씨는 뭐 할 거예요?

나: 저는 휴게실에서 음악을 ________________. (듣다)

6) 가: 나이가 들면 뭐 하고 싶어요?

나: 바닷가에 집을 하나 ________________(짓다). 그리고 거기에서 ________________(살다).

7) 가: 이 옷이 수미 씨한테 잘 어울릴 것 같은데 살래요?

나: 너무 비싸요. ________________. (사지 않다)

4. 표를 완성하십시오.

기본형	-(으)ㄹ 테니까	-았/었을 테니까
가다	갈 테니까	갔을 테니까
보다		
읽다		
도착하다		
일어나다		
*듣다		
*만들다		
부르다		
좋다		
작다		
크다		
*어렵다		
*맵다		
다르다		
있다		
없다		

5. '-(으)ㄹ 테니까'를 사용해서 ________에 맞게 쓰십시오.

1) 가: 카일 씨에게 언제 연락할까요?

나: 카일 씨가 오늘은 ________________ 내일 하세요.

(바쁘다)

2) 가: 지금 출발하면 늦지 않을까요?

나: ________________ 걱정하지 마세요.

(늦지 않다)

3) 가: 공항까지 택시를 타고 가려고 해요.

나: 아침에는 택시 잡기가 ________________ 지하철을 타세요.

(어렵다)

4) 가: 제인 씨의 전화번호를 모르는데 제인 씨한테 어떻게 연락할까요?

나: 필립 씨가 ________________ 필립 씨한테 물어보세요.

(알다)

5) 가: 선생님 댁에 갈 때 뭘 사 갈까요?

나: 요즘 딸기가 ________________ 딸기를 사 갑시다.

(맛있다)

6) 가: 이 책을 선호 씨에게 선물하고 싶어요.

나: 이 책은 선호 씨가 ________________ 다른 책을 사세요.

(읽었다)

7) 가: 현수 씨 저녁도 준비해야 할까요?

나: 현수 씨는 벌써 저녁을 ________________ 준비하지 않아도 될 거예요.

(먹었다)

6. '-아/어 있다'나 '-고 있다'를 사용해서 ________에 맞게 쓰십시오.

1) 영주 씨가 침대에 ________________. (눕다)

2) 수진 씨가 자전거를 ________________. (타다)
수진 씨 가방에는 채소와 우유가 ________________. (들다)

3) 우산에 가격표가 ________________. (붙다)

4) 선생님이 ________________. (서다)
학생이 ________________. (앉다)
칠판에 '안녕하세요'라고 ________________. (쓰이다)

5) 집 앞에 꽃이 ________________. (피다)

6) 준호 씨는 양복을 ________________. (입다)
그리고 넥타이를 ________________. (매다)

7) 준수 씨는 지금 프랑스에 ________________. (가다)
희선 씨는 이미 프랑스에 ________________. (가다)

7. 〈보기〉와 같이 쓰십시오.

> **보기**
>
> 가: 슈퍼마켓에서 무엇을 살 거예요?
>
> 나: **고기랑 채소**를 살 거예요. (고기, 채소)

1) 가: 무슨 요일에 학교에 안 가요?

   나: ______________________________. (토요일, 일요일)

2) 가: 언제 한국에 왔었어요?

   나: ______________________________. (2015년, 2017년)

3) 가: 그 식당에는 뭐가 맛있어요?

   나: ______________________________. (김치찌개, 갈비)

4) 가: 카일 씨는 요즘 누구와 사귀어요?

   나: ______________________________. (진주 씨)

5) 가: 한국에서 어디 어디를 여행했어요?

   나: ______________________________. (경주, 제주도, 부산)

6) 가: 문제가 생기면 누구와 이야기해요?

   나: ______________________________. (부모님, 친구)

다음 대화를 듣고 (   )에 쓰십시오..

린 다: 사토 씨, 제가 얼마 전에 동아리에 (   )을 했어요.

사 토: 그래요? 무슨 동아리인데요?

린 다: 사진 동아리예요. 사토 씨도 우리 동아리에 (   )? 우리 동아리에 (   )하면 사진(   ) 많이 배울 수 있고 여행도 많이 할 수 있어요. 친구들도 (   ) 수 있어서 좋고요.

사 토: (   ). 저는 동아리 활동은 (   ). 요즘 학교 숙제도 많고 아르바이트도 해서 많이 바빠요. 저에게는 동아리보다 학교 공부가 더 중요해요. 그런데 린다 씨, 그 사진은 뭐예요?

린 다: 이 사진요? 우리 동아리 사람들 사진이에요. 우리 동아리에는 (   ) 사람들이 많이 와요. (   ) 사람들이 (   ) 할 이야기도 많고 정말 재미있어요.

사 토: 왕명 씨의 이야기를 (   ) 저도 동아리 활동을 (   ).

린 다: 그래요? 잘 생각했어요. 공부도 중요하지만 (   ) 학교생활을 하는 것도 필요해요.

사 토: 네, 맞아요. 그런데 린다 씨, 사진 속에 있는 이 여자도 (   )에 자주 나오나요? 린다 씨 옆에 (   ) 여자요.

린 다: 옛날엔 잘 (   ) 남자 친구가 (   ) 안 나와요.

사 토: 아, 남자 친구가 있어요? 그리고 요즘 (   ).
린다 씨, (   ) 지금 저에게는 학교 공부가 더 (   ). 동아리 활동을 하면 많이 (   ) 안 하는 게 좋겠어요.

린 다: 뭐라고요? 사토 씨! 지금 이 여학생 때문에 (   )하려고 했어요?

18과 듣기 공부를 열심히 할 생각이에요

1. 〈보기〉와 같이 '-(으)ㄹ 생각이다'를 사용해서 ______에 맞게 쓰십시오.

보기

가: 호앙 씨, 이번 주말에 뭐 할 거예요?

나: 남자 친구와 영화를 **볼 생각이에요**.

1) 가: 언제까지 한국에 있을 거예요?

   나: 내년 12월까지 한국에 ______________.

2) 가: 방학 때 무엇을 할 거예요?

   나: 친구들과 여행을 ______________.

3) 가: 졸업한 후에 취직을 할 거예요, 대학원에 갈 거예요?

   나: ______________.

4) 가: 고향에 언제 갈 거예요?

   나: ______________.

5) 가: 시험이 끝난 후에 뭐 할 거예요?

   나: ______________.

6) 가: 대학(대학원)에서 무엇을 전공할 거예요?

   나: ______________.

2. 표를 완성하십시오.

기본형	-아/어야겠어요	기본형	-아/어야겠어요
가다	가야겠어요	먹다	
오다		*듣다	
만나다		*걷다	
보내다		놀다	
*쓰다		만들다	
춤을 추다		*돕다	
배우다		*눕다	
보다		입다	
*부르다		*짓다	
*자르다		*붓다	
공부하다		벗다	

3. 〈보기〉와 같이 ________에 맞게 써 보십시오.

보기

소화가 안 되니까 소화제를 **먹어야겠어요**. (소화제를 먹다)

1) 며칠 동안 밤을 새웠으니까 오늘은 ______________________. (좀 쉬다)

2) 다음 주에 시험을 보니까 ______________________. (열심히 공부하다)

3) 부모님께서 걱정하시니까 ______________________. (전화를 자주 드리다)

4) 넘어져서 무릎을 다쳤으니까 ______________________. (소독약을 바르다)

5) 한국어 듣기가 어려우니까 ______________________.
(매일 한국 친구와 이야기하다)

6) 건강에 안 좋으니까 ______________________. (담배를 끊다)

7) 시간이 없으니까 택시를 ________________. (타다)

4. 〈보기〉와 같이 '-기로 했다'를 사용해서 대답하십시오.

보기

가: 진진 씨, 오늘 저녁에 뭐 하세요?

나: 오늘부터 **운동하기로 했어요**. (운동하다)

1) 가: 이번 주말에 뭐 하세요?

나: 친구들과 ______________________________. (축구하다)

2) 가: 진수 씨와 몇 시에 만나요?

나: 저녁 7시에 ______________________________. (만나다)

3) 가: 시험이 끝나면 뭐 할 거예요?

나: 친구들과 ______________________________. (놀이공원에 가다)

4) 가: 안나 씨, 왜 이렇게 일찍 자려고 해요?

나: 오늘부터 일찍 ______________________________. (자다)

5) 가: 남자 친구와 저녁 때 뭐 먹을 거예요?

나: 피자를 ______________________________. (먹다)

6) 가: 방학에 뭐 할 거예요?

나: ______________________________. (여행을 하다)

5. 〈보기〉와 같이 '-지 않기로 했다'를 사용해서 문장을 만드십시오.

> **보기**
> 내일부터 게임을 **하지 않기로 했어요**.

1) 수업 시간에 ______________________.

2) 텔레비전을 ______________________.

3) 저녁에 커피를 마시면 잠이 안 와요.
그래서 저녁에는 커피를 ______________________.

4) 가: 에릭 씨, 담배 한 대만 빌려 주세요.
나: 미안해요. 담배가 없어요. 올해부터 담배를 ______________________.

5) 건강을 위해서 패스트푸드를 ______________________.

6) 아침에 ______________________.

6. 〈보기〉와 같이 '대신에', ' -는 대신에'를 사용해서 문장을 만드십시오.

보기

(친구 → 나)

선생님의 질문에 **친구 대신에** 내가 대답을 했어요.

1) 밥이 없어서 밥 ________ ____을 먹었어요. (밥 → 빵)

2) 다리가 아파서 구두 ________ ________를 신었어요. (구두 → 운동화)

3) 내가 아파서 나 ________ ______이 청소를 했어요. (나 → 동생)

4) 어머니가 회사에 다니기 때문에 어머니 ________ ________가 아이를 돌봐 주세요.

(어머니 → 할머니)

5) 비행기 표가 비싸서 비행기 ________ ____를 타고 제주도에 가요.

(비행기 → 배)

6) 어머니 생신 선물로 ____________________________ 게 어때요?

(선물을 사 드리다 → 돈을 드리다)

7) 저는 집에 TV가 없어서 ____________________________.

(드라마를 보다 → 라디오를 듣다)

다음 대화를 듣고 (   )에 쓰십시오.

에 릭: 제인 씨는 (   )를 잘하세요? (   )를 잘하고 싶은데 한국어 (   )가 너무 어려워요. 어떻게 하면 잘할 수 있을까요?

제 인: 저는 한국 (   )를 보면서 듣기 공부를 했어요.

에 릭: 저도 한국 드라마를 많이 보는데 듣기를 잘 못해요. 드라마를 보면서 공부할 때 (   )이 있나요?

제 인: 먼저 (   )에 (   ) 한국 드라마를 (   ) 그 드라마의 한국어 (   )을 찾으세요. 드라마를 (   )해서 보면서 (   )과 (   )을 (   ). 그렇게 계속하면 한국어를 잘 들을 수 있을 거예요.

에 릭: 그렇군요. 또 다른 방법이 있어요?

제 인: 저는 수업이 끝난 후에 명동이나 시장에 (   ) 가서 한국 사람들과 이야기를 많이 했어요.

에 릭: 한국 사람들과 (   ) 이야기하는 것도 (   )이 되나요?

제 인: (   ). 한국어 선생님은 쉬운 단어를 사용해서 우리가 듣기 (   ) 말씀을 하세요. 그렇지만 대부분의 한국 사람들은 말도 빨리하고 (   )도 조금 달라요. 그래서 여러 한국 사람들의 말을 (   )이 필요해요.

에 릭: 그동안 저는 한국어 선생님 말은 잘 (   ) 수 있었는데 다른 한국 사람들의 말은 듣기가 어려웠어요. 제인 씨의 말을 들으니까 그 (   )를 알겠어요. 고마워요, 제인 씨.

19과 전주가 그렇게 유명한 곳인 줄 몰랐어요

1. 표를 완성하십시오.

기본형	–(으)ㄴ 줄 몰랐어요	기본형	–는 줄 몰랐어요	–(으)ㄴ 줄 몰랐어요	–(으)ㄹ 줄 몰랐어요
작다	작은 줄 몰랐어요	가다	가는 줄 몰랐어요?	간 줄 몰랐어요	갈 줄 몰랐어요
크다		자다			
바쁘다		오다			
아프다		듣다			
같다		걷다			
*달다		*살다			
*멀다		*만들다			
*맵다		입다			
*무섭다		돕다			
*덥다		눕다			
다르다		부르다			
빠르다		모르다			
친절하다		일하다			
깨끗하다		공부하다			

2. 〈보기〉와 같이 '-(으)ㄴ/는 줄 몰랐다'를 사용해서 문장을 만드십시오.

보기

설날에 식당이 문을 닫습니다 / 몰랐습니다.

➡ 설날에 식당이 문을 **닫는 줄 몰랐어요**.

1) 요코 씨가 결혼을 했습니다 / 몰랐습니다.

➡ ______________________________.

2) 한국 학생들이 이렇게 열심히 공부를 합니다 / 몰랐습니다.

➡ ______________________________.

3) 왕영 씨가 노래를 잘합니다 / 몰랐습니다.

➡ ______________________________.

4) 마이클 씨와 왕명 씨가 싸웠습니다 / 몰랐습니다.

➡ ______________________________.

5) 박 선생님이 지금 호주에 계십니다 / 몰랐습니다.

➡ ______________________________.

6) 최 선생님이 병원에 입원하셨습니다 / 몰랐습니다.

➡ ______________________________.

7) 필립 씨가 흑석동에서 삽니다 / 몰랐습니다.

➡ ______________________________.

3. '-(으)ㄴ/는/(으)ㄹ 줄 몰랐다'를 사용해서 대답을 쓰십시오.

1) 가: 서울 구경을 해 보니까 어때요?
   나: ____.

2) 가: 다니엘 씨가 지난주에 고향에 돌아갔어요.
   나: 그래요? ____.

3) 가: 오늘 날씨가 진짜 춥지요?
   나: 네, 한국의 겨울이 이렇게 ____.

4) 가: 에릭 씨가 이번에 장학금을 받았어요.
   나: 그래요? 에릭 씨가 ____.

5) 가: 왜 이렇게 늦었어요?
   나: 미안해요, 여기까지 오는 데 이렇게 시간이 많이 ____________________.

6) 가: 저분이 여명 씨의 부인이에요.
   나: 여명 씨가 결혼했어요? 저는 여명 씨가 ____________________.

7) 가: 미호 씨, 주영 씨에게 생일 선물을 줬어요?
   나: 아니요, 오늘이 ____.

4. 〈보기〉와 같이 '아무 N(이)나'를 사용해서 ________에 맞게 쓰십시오.

보기

가: 심심하지요? 무슨 책을 드릴까요?

나: **아무 책이나** 주세요.

1) 가: 선생님, 누가 먼저 발표해요?

나: 준비가 끝난 사람 중에서 ________________________________.

2) 가: 어떤 영화를 보고 싶어요?

나: 저는 영화를 다 좋아해요. ________________________________.

3) 가: 생일에 무슨 선물을 받고 싶어요?

나: 선물은 다 좋아요. ________________________________.

4) 가: 점심 식사했어요? 우리 어디에서 밥 먹을까요?

나: 지금 너무 배가 고파요. ________________________________.

5) 가: 이름을 어디에 써요? 공책에 써요, 종이에 써요?

나: 다 괜찮아요. ________________________________.

6) 가: 내일 동아리 모임이 있는데 무슨 옷을 입고 가야 해요?

나: ____.

5. 표를 완성하십시오.

기본형	-(으)면 돼요	기본형	-(으)면 돼요
가다	가면 돼요	먹다	먹으면 돼요
오다		*듣다	
만나다		*걷다	
보내다		*놀다	
쓰다		*만들다	
춤을 추다		*돕다	
배우다		*눕다	
읽다		입다	
부르다		*짓다	
자르다		*붓다	
공부하다		씻다	

6. 다음 질문에 '-(으)면 되다'를 사용해서 대답해 보십시오.

1) 지금 기분이 너무 안 좋아요. 어떻게 하면 기분이 좋아질까요?

➡ ____.

2) 지금 머리가 너무 아파요. 어떻게 하면 좋아요?

➡ ____.

3) 요즘 한국어가 너무 재미없어요. 어떻게 하면 재미있게 공부를 할 수 있을까요?

➡ ____.

4) 친한 친구와 싸웠어요. 어떻게 화해하면 좋을까요?

➡ ____.

5) 요즘 너무 살이 쪄서 다이어트를 하고 싶어요. 어떻게 하면 돼요?

➡ ____.

7. 〈보기〉와 같이 'N(이)라도'를 사용해서 ________에 맞게 쓰십시오.

> **보기**
>
> 가: 집에 밥이 없는데 어떻게 해요?
>
> 나: 그러면 **<u>라면이라도</u>** 드세요. (라면)

1) 가: 30분 후에 영화를 시작해요. 기다리는 동안 ____________ 마실까요? (커피)

   나: 좋아요, 저 커피숍에서 마셔요.

2) 가: 연필 좀 빌려 주시겠어요?

   나: 연필이 없는데 ____________ 빌려 드릴까요? (볼펜)

3) 가: 다음 주부터 휴가인데 ____________ 갔다 오세요. (설악산)

   나: 설악산은 못 가지만 ____________ 가려고 해요. (가까운 곳)

4) 가: 여러분, 피곤하고 바쁘죠?

   그렇지만 건강을 위해서 매일 ____________ 걸어야 합니다. (30분)

   나: 네, 그래서 내일부터 회사에 올 때 걸어서 오려고 해요.

5) 가: 지금 커피가 없는데 어떻게 해요?

   나: 그러면 ____________ 주세요. (주스)

6) 가: 고향에 가면 저한테 전화하세요. 바쁘면 ____________ 해 주세요. (문자)

   나: 네, 그럴게요.

다음 대화를 듣고 (   )에 쓰십시오.

제 인: 왕명 씨, 일본에서 제 친구가 왔어요. 그래서 같이 (   )을 하고 싶은데 어디가 좋을까요?

왕 명: 그럼 부산이나 제주도에 가면 어때요?

제 인: 부산에는 가 본 적이 있는데 해운대가 제일 (   )에 남아요. 부산에 다시 가 보고 싶네요. 제주도는 어때요?

왕 명: 제주도는 외국인들에게 특히 인기가 많은 (   )예요. 경치가 아름다워서 (   ) 곳이 (   ) 하고 사진 찍기에 (   ) 하거든요.

제 인: 그래요? 제주도가 외국인들에게 그렇게 인기가 (   ). 그렇게 경치가 좋은 곳이면 제 친구도 가고 싶어 할 것 같아요.

왕 명: 서울에서 비행기로 (   ) 정도만 가면 돼요. 제주도는 한국의 대표적인 (   )니까 친구도 좋아할 거예요.

제 인: 고마워요. 이번 (   )에 가야겠어요. 왕명 씨도 우리랑 같이 갈래요?

왕 명: 저도 같이 가고 싶지만…… 다음 주 월요일에 시험이 (   )?

제 인: 네? (   )? 저는 월요일에 시험을 (   ). 그러면 시험 끝나고 가야겠네요.

왕 명: 그래요. 시험 끝나고 (   ) 주말에 같이 가요.

20과 졸업하자마자 결혼을 하고 싶어요

1. 표를 완성하십시오.

기본형	-(으)면 좋겠어요	-았/었으면 좋겠어요
자다	자면 좋겠어요	잤으면 좋겠어요
보다		
오다		
쓰다		
그리다		
가르치다		
공부하다		
먹다		
읽다		
받다		
입다		
*듣다		
*묻다		
*걷다		
*부르다		
*만들다		

*열다		
*팔다		
*돕다		
크다		
많다		
*멀다		
*길다		
*가볍다		
*덥다		
*다르다		
있다		
없다		
*이다	(가수)	
	(학생)	
*아니다		

2. 그림을 보고 '중이다'를 사용해서 ________에 맞게 쓰십시오.

1) ________________ 2) ________________ 3) ________________

4) ________________ 5) ________________ 6) ________________

7) ________________ 8) ________________

3. 〈보기〉와 같이 'V-는 중이다'를 사용해서 ________에 맞게 쓰십시오.

보기

가: 지금 뭐 해요?

나: 친구를 **기다리는 중이에요**. (기다리다)

1) 가: 왕명 씨, 왜 아직 안 와요? 지금 어디예요?

나: 지금 ____________________________. (가다)

길이 막혀서 조금 늦을 것 같아요.

2) 가: 어제 내가 빌려 준 책 다 읽었어요? 재미있지요?

나: 아직 다 못 읽었어요. 지금 ____________________________. (읽다)

3) 가: 여보, 배가 고파요. 빨리 밥 주세요.

나: 지금 생선을 ____________________________. (굽다)

10분만 기다리세요.

4) 가: 다음 달에 이사하지요? 어디로 이사할 거예요?

나: 아직 못 정했어요.

이사 갈 집을 ____________________________. (알아보다)

5) 가: 민수 씨 나이가 30살인데 언제 결혼할 거예요? 결혼할 사람 있어요?

나: 아직 없어요. 요즘 열심히 ____________________________. (찾다)

6) 가: 수진 씨, 안에 계세요? 방에 들어가도 돼요?

나: 잠깐만 기다리세요.

지금 옷을 ____________________________. (갈아입다)

4. '-자마자'를 사용해서 한 문장으로 만드십시오.

1) 휴대폰을 샀어요. 산 후에 바로 잃어버렸어요.

____.

2) 집에 갔어요. 라디오를 켜고 음악을 들었어요.

____.

3) 수업이 끝났어요. 바로 집에 갈 거예요.

____.

4) 아기가 우유를 먹었어요. 그 후에 바로 자기 시작했어요.

____.

5) 친구의 전화를 받았어요. 바로 약속 장소로 뛰어갔어요.

____.

6) 집에 돌아왔어요. 바로 문을 잠갔어요.

____.

7) 아침에 일어나요. 바로 물을 한 잔 마시면 건강에 좋아요.

____.

5. 다음 표를 완성하십시오.

기본형	-(으)ㄹ까 해요	기본형	-(으)ㄹ까 해요
가다	갈까 해요	먹다	
자다		잡다	
사다		*듣다	
보다		*걷다	
계속하다		*놀다	
고치다		*열다	
가져오다		*걸다	
초대하다		*돕다	
부탁하다		*눕다	
취직하다		(사진을) 찍다	
부르다		*짓다	
마시다		*붓다	

6. 다음 문장에서 틀린 부분을 찾아 맞게 고치십시오.

1) 조용히 하세요! 지금 아기가 잔 중이에요.

2) 학교를 졸업할 거자마자 취직할 거예요.

3) 어제 피곤해서 집에 갔자마자 잤어요.

4) 어제 전화를 못 받아서 미안해요. 그때 목욕을 한 중이었어요.

5) 혼자 살아서 외로워요. 친구와 같이 살으면 좋겠어요.

6) 이번 주말에는 집에서 쉬울까 해요.

7) 저녁 식사 후에 공원을 걷을까 해요.

다음 대화를 듣고 (   )에 쓰십시오.

리포터: 안녕하세요, 여러분. 오늘 제가 (   )할 분은 유명한 인기 가수 '차재인' 씨입니다. 안녕하세요, 차재인 씨! (   ) 감사합니다. 요즘 어떻게 지내세요?

차재인: 그동안 (   ) 때문에 아주 바빴어요. 다음 달에도 (   )을 가요.

리포터: (   )은 얼마 동안 하시나요?

차재인: 중국하고 일본에서 (   ) 동안 합니다. 그리고 이번 (   )이 끝나면 (   ) 동안 (   )예요.

리포터: (   ) 동안에는 뭐 하실 (   )이에요?

차재인: (   ). 혼자서 여행을 (   ). 여행 (   ) 모든 일을 다 잊어버리고 (   ) 쉬고 싶어요. 맛있는 것도 먹고, 잠도 많이 자고, 쇼핑도 (   ).

리포터: 그럼 내년 (   )은 있으신가요?

차재인: 할리우드 영화배우 브래드 씨와 영화를 (   ) 했어요. 그래서 요즘 영어 (   )를 (   )이에요.

리포터: 그럼 결혼은 (   ) 하실 생각인가요?

차재인: (   ). 결혼은 5년 후쯤 (   )이에요.

리포터: 알겠습니다. 오늘 (   ) 감사합니다.

차재인: 감사합니다.

알기 쉽고 재미있는

중앙 한국어 워크북 2

하

정답지

11과 데니 씨도 저처럼 실수한 적이 있어요?

1. 1) 실수하다 2) 화해하다 3) 사과하다 4) 변명하다 5) 싸우다 6) 오해하다

2. 1) 가: 한국에서 아르바이트를 해 본 적이 있어요?
나: 네, 해 본 적이 있어요 / 아니요, 해 본 적이 없어요
2) 가: 한국 음식을 만들어 본 적이 있어요?
나: 네, 만들어 본 적이 있어요 / 아니요, 만들어 본 적이 없어요
3) 가: 인사동에 가 본 적이 있어요?
나: 네, 가 본 적이 있어요 / 아니요, 가 본 적이 없어요
4) 가: 한국에 오기 전에 회사에 다닌 적이 있어요?
나: 네, 다닌 적이 있어요 / 아니요, 다닌 적이 없어요
5) 가: 좋아하는 연예인을 만난 적이 있어요?
나: 네, 만난 적이 있어요 / 아니요, 만난 적이 없어요
6) 가: 노래방에서 한국 노래를 불러 본 적이 있어요?
나: 네, 불러 본 적이 있어요 / 아니요, 불러 본 적이 없어요

3.

기본형	–(으)ㄹ 때	–았/었을 때
가다	갈 때	갔을 때
오다	올 때	왔을 때
먹다	먹을 때	먹었을 때
읽다	읽을 때	읽었을 때
쓰다	쓸 때	썼을 때
가르치다	가르칠 때	가르쳤을 때
식사하다	식사할 때	식사했을 때
공부하다	공부할 때	공부했을 때
*묻다	물을 때	물었을 때
*듣다	들을 때	들었을 때
*걷다	걸을 때	걸었을 때
*놀다	놀 때	놀았을 때
*살다	살 때	살았을 때

*만들다	만들 때	만들었을 때
*돕다	도울 때	도왔을 때
*눕다	누울 때	누웠을 때
고르다	고를 때	골랐을 때
부르다	부를 때	불렀을 때

4. 1) 전화했을 때 2) 부를 때 3) 도착했을 때 4) 사러 갈 때
5) 먹을 때 6) 할 때 7) 아팠을 때

5. 1) 숙제를 잘못했을 때 2) 감기에 걸렸을 때
3) 집에 도착했을 때 4) 처음 한국에 왔을 때
5) 도서관에 갔을 때 6) 친구에게서 생일 선물을 받았을 때
7) 텔레비전이 고장 났을 때

6. 1) 음식이 맛있거든요 2) 일이 너무 많았거든요
3) 마셨거든요 4) 친구들을 초대했거든요
5) 생일이거든요 6) 감기에 걸렸거든요
7) 음악을 듣고 있었거든요

7. 1) 시험이 있거든요 2) 결혼하거든요 3) 고향으로 돌아가거든요
4) 동생 생일이거든요 5) 숙제를 해야 하거든요 6) 수업이 없거든요

8. 1) 기뻐해요 2) 싫어요 3) 피곤해요
4) 미안해해요 5) 재미있어해요 6) 반가웠어요

12과 얼굴이 동그랗고 좀 통통한 편이에요

1. 1) 급해요　2) 부지런해요　3) 얌전해요
   4) 게을러요　5) 외향적이에요　6) 내성적이에요

2.

기본형	-(으)ㄴ/는 편이다	기본형	-(으)ㄴ/는 편이다
가다	가는 편이다	예쁘다	예쁜 편이다
오다	오는 편이다	조용하다	조용한 편이다
먹다	먹는 편이다	깨끗하다	깨끗한 편이다
자다	자는 편이다	*시끄럽다	시끄러운 편이다
쓰다	쓰는 편이다	*덥다	더운 편이다
부르다	부르는 편이다	*달다	단 편이다
읽다	읽는 편이다	*길다	긴 편이다
듣다	듣는 편이다	*맛있다	맛있는 편이다
*만들다	만드는 편이다	*재미없다	재미없는 편이다
*놀다	노는 편이다	적극적이다	적극적인 편이다
좋아하다	좋아하는 편이다	내성적이다	내성적인 편이다

3. 1) 늦게 일어나는 편이에요　2) 자주 만드는 편이에요　3) 매운 편이에요
   4) 외향적인 편이에요　5) 많지 않은 편이에요　6) 쓰지 않는 편이에요

4. 1) 커피를 많이 마시는 편이니까　2) 적극적인 편이라서　3) 가격이 싼 편이라서
   4) 깨끗한 편인데　5) 많이 읽는 편인데　6) 무거운 편이니까

5. 1) 춥지 않아요?　2) 가고 싶지 않아요?　3) 재미있지 않아요?
   4) 하지 않아요?　5) 마이클 씨 아니에요?　6) 적극적이지 않아요?

6.

기본형	-(스)ㅂ니다	-(으)ㄴ	-아/어요	-아/어서	-아/어지다
까맣다	까맣습니다	까만	까매요	까매서	까매지다
노랗다	노랗습니다	노란	노래요	노래서	노래지다
파랗다	파랗습니다	파란	파래요	파래서	파래지다

빨갛다	빨갛습니다	빨간	빨개요	빨개서	빨개지다
하얗다	하얗습니다	하얀	하얘요	하얘서	하얘지다
동그랗다	동그랗습니다	동그란	동그래요	동그래서	동그래지다
좋다	좋습니다	좋은	좋아요	좋아서	좋아지다

7. 1) 파란　2) 까매　3) 하얘, 하야　4) 빨개　5) 동그래, 까맣, 빨개

8. 혜연 씨: 1) 쓰고/끼고 있어요　2) 매고 있어요　3) 들고 있어요　4) 입고 있어요

조엘 씨: 1) 쓰고 있어요　2) 입고 있어요　3) 매고 있어요　4) 신고 있어요

왕명 씨: 1) 쓰고 있어요　2) 메고 있어요　3) 입고 있어요　4) 신고 있어요

인수 씨: 1) 매고/하고 있어요　2) 입고 있어요　3) 끼고 있어요　4) 신고 있어요

13과 처방전은 가지고 오셨나요?

1. 1) 이비인후과 2) 치과 3) 정형외과 4) 이비인후과
5) 피부과 6) 안과 7) 내과

2. 1) 입원했어요 2) 소화제 3) 연고 4) 진통제
5) 처방전 6) 병문안 7) 지었어요

3.

기본형	-아/어도	기본형	-아/어도
작다	작아도	가다	가도
*크다	커도	자다	자도
*바쁘다	바빠도	오다	와도
*아프다	아파도	*듣다	들어도
높다	높아도	*걷다	걸어도
달다	달아도	살다	살아도
멀다	멀어도	만들다	만들어도
*맵다	매워도	입다	입어도
*무섭다	무서워도	*돕다	도와도
*모르다	몰라도	*눕다	누워도
*다르다	달라도	*부르다	불러도
*빠르다	빨라도	*자르다	잘라도
친절하다	친절해도	일하다	일해도
깨끗하다	깨끗해도	공부하다	공부해도

4. 1) 계속 전화해도 받지 않아요 2) 많이 바빠도 어머니께 전화를 해야 해요
3) 한국어가 어려워도 계속 배울 거예요 4) 몸이 많이 아파도 학교에 꼭 가요 / 가야 해요
5) 약을 먹어도 감기가 낫지 않아요 6) 책을 여러 번 읽어도 이해가 안 돼요
7) 반바지를 입어도 너무 더워요

5. 1) 비가 와도 2) 해도 3) 찾아도 4) 입어도
5) 먹어도 6) 해도

6. 1) 8(여덟) 컵씩 마셔요
2) 5(다섯) 시간씩 공부해요
3) 9(아홉) 시간씩 자요
4) 5(다섯) 번씩 농구를 해요
5) 1(한) 시간씩 읽어요
6) 2(두) 번씩 부모님께 전화해요

7.

기본형	-(으)ㄴ가요?	-았/었나요?	기본형	-나요?	-았/었나요?
작다	작은가요?	작았나요?	가다	가나요?	갔나요?
크다	큰가요?	컸나요?	자다	자나요?	잤나요?
바쁘다	바쁜가요?	바빴나요?	오다	오나요?	왔나요?
아프다	아픈가요?	아팠나요?	듣다	듣나요?	들었나요?
높다	높은가요?	높았나요?	걷다	걷나요?	걸었나요?
달다	단가요?	달았나요?	살다	사나요?	살았나요?
멀다	먼가요?	멀었나요?	만들다	만드나요?	만들었나요?
맵다	매운가요?	매웠나요?	입다	입나요?	입었나요?
무섭다	무서운가요?	무서웠나요?	돕다	돕나요?	도왔나요?
덥다	더운가요?	더웠나요?	눕다	눕나요?	누웠나요?
다르다	다른가요?	달랐나요?	부르다	부르나요?	불렀나요?
빠르다	빠른가요?	빨랐나요?	모르다	모르나요?	몰랐나요?
친절하다	친절한가요?	친절했나요?	일하다	일하나요?	일했나요?
깨끗하다	깨끗한가요?	깨끗했나요?	공부하다	공부하나요?	공부했나요?

8. 1) 좋아하나요?
2) 왔나요?
3) 먹나요?
4) 하고 싶은가요?
5) 더운가요?
6) 사람인가요?
7) 몇 시인가요?

9. 1) 한국말을 잘하기 위해서~
2) 잠을 자기 위해서~
3) 방학 때 여행을 가기 위해서~
4) 감기에 걸리지 않기 위해서~
5) 시험을 잘 보기 위해서~
6) 일찍 일어나기 위해서~

14과 금요일에 송별회가 있잖아요

1.

기본형	-(으)ㄹ 테니까	기본형	-(으)ㄹ 테니까
자다	잘 테니까	받다	받을 테니까
보다	볼 테니까	*듣다	들을 테니까
오다	올 테니까	*묻다	물을 테니까
쓰다	쓸 테니까	*걷다	걸을 테니까
사다	살 테니까	입다	입을 테니까
그리다	그릴 테니까	*돕다	도울 테니까
가르치다	가르칠 테니까	*만들다	만들 테니까
공부하다	공부할 테니까	*열다	열 테니까
먹다	먹을 테니까	*팔다	팔 테니까
읽다	읽을 테니까	*짓다	지을 테니까

2. 1) 고쳐 드릴 테니까
2) 기다릴 테니까
3) 준비할 테니까
4) 케이크를 살 테니까
5) 빌려 줄 테니까
6) 싸게 해 드릴 테니까

3. 1) 졸업식이잖아요
2) 좋아지잖아요
3) 잘생겼잖아요
4) 성격도 좋고 귀엽잖아요
5) 맛있고 깨끗하잖아요
6) 됐잖아요 / 되었잖아요
7) 헤어졌잖아요

4.

기본형	-(으)ㄹ게요	기본형	-(으)ㄹ게요
가다	갈게요	받다	받을게요
보다	볼게요	*듣다	들을게요
오다	올게요	*묻다	물을게요
쓰다	쓸게요	*걷다	걸을게요
마시다	마실게요	잡다	잡을게요
그리다	그릴게요	*돕다	도울게요
가르치다	가르칠게요	*만들다	만들게요
공부하다	공부할게요	*열다	열게요
먹다	먹을게요	*살다	살게요
부르다	부를게요	*붓다	부을게요

5. 1) 살게요　2) 발표를 할게요　3) 전화할게요　4) 끊을게요
5) 열게요　6) 보낼게요　7) 준비할게요

6. 1) (노래 부르는 것을) 별로 좋아하지 않아요
2) 별로 맵지 않아요
3) 별로 많이 오지 않아요
4) 별로 많지 않아요
5) 별로 어렵지 않을 거예요
6) 별로 자주 하지 않아요

15과 "생신 축하드립니다."라고 말하세요

1. 1) 약혼하다 2) 결혼하다 (장가가다 / 시집가다) 3) 이혼하다

2. 1) ① 시아버지, ② 시어머니, ③ 남편 2) ① 장인, ② 장모, ③ 아내

3.

명사			동사		
밥	➡	진지	먹다	➡	드시다, 잡수시다
집		댁	자다		주무시다
말		말씀	죽다		돌아가시다
생일		생신	말하다		말씀하시다
나이		연세	아프다		편찮으시다
사람		분	배고프다		시장하시다
이름		성함	있다		(사람): 계시다
아내		부인			(물건): 있으시다

4. 1) 생신 2) 성함 3) 진지 4) 분 5) 께 6) 께서

5. 1) 올해 연세가 어떻게 되세요? 2) 께서 저에게 말씀하셨습니다
3) 생신이라서 아버지께 선물을 드렸습니다 4) 께서는 아파트에 사십니다
5) 께서는 작년에 돌아가셨습니다 6) 시간 있으세요?
7) 무엇을 드시겠어요?

6. 1) "안녕하세요? 처음 뵙겠습니다."라고 말합니다
2) "안녕히 가세요."라고 말합니다
3) "깎아 주세요."라고 말합니다
4) "실례합니다. 서울역에 어떻게 가요?"라고 말합니다
5) "______________________"라고 말하겠습니다
6) "______________________"라고 말하겠습니다

7.

기본형	-는 동안	기본형	-는 동안
가다	가는 동안	깎다	깎는 동안
자다	자는 동안	읽다	읽는 동안
오다	오는 동안	듣다	듣는 동안
보다	보는 동안	걷다	걷는 동안
지내다	지내는 동안	*살다	사는 동안
기다리다	기다리는 동안	*놀다	노는 동안
쓰다	쓰는 동안	*만들다	만드는 동안
자르다	자르는 동안	*불다	부는 동안
고르다	고르는 동안	붓다	붓는 동안
회의하다	회의하는 동안	짓다	짓는 동안
포장하다	포장하는 동안	돕다	돕는 동안
이야기하다	이야기하는 동안	줍다	줍는 동안

8. 1) 저는 한국에서 사는 동안 여행을 많이 하고 싶습니다 / 한국 친구를 사귀고 싶습니다
2) 여행을 하는 동안 음식을 먹는 것이 제일 힘들었습니다
3) 저는 친구를 기다리는 동안 보통 휴대폰에서 음악을 듣습니다
4) 저는 고향에 가는 동안 비행기에서 잠을 잡니다
5) 오늘 학교에 오는 동안 길에서 강아지를 봤습니다
6) 다이어트를 하는 동안 밤에 음식을 먹으면 안 됩니다

9. 1) 하나도 못해요
2) 한 개도 없어요
3) 하나도 안 매워요
4) 하나도 안 어려워요
5) 한 벌도 안 샀어요
6) 하나도 안 했어요

10. 1) 안녕하세요? 제 ~~성함은~~ 이민우입니다.
이름

2) 할아버지의 ~~나이는~~ ~~일흔 다섯 살입니다~~.
연세 일흔 다섯이십니다

3) 내 생일에 아버지께서 나에게 선물을 ~~드렸습니다~~.
주셨습니다

4) 저는 아버지께 꽃을 ~~주실~~ 겁니다.
드릴

5) 한국에서 3년 ~~산~~ 동안 재미있는 일이 많았습니다.
사는

6) 어제 내가 ~~공부했는~~ 동안 동생은 책을 읽었습니다.
공부하는

7) 그 영화가 하나도 ~~재미있어요.~~
재미없어요

8) 한국 노래를 하나도 ~~안 알아요.~~
몰라요

9) 한국어로 "감사합니다."~~다로~~ 말하고 영어로 "Thank you."~~다고~~ 말해요.
라고 라고

10) 날씨가 추워서 꽃이 ~~돌아가셨습니다.~~
시들었습니다

11) 선생님, 내일 시간 ~~계세요?~~ 같이 식사를 하고 싶어요.
있으세요?

12) 아버지께서는 한국 음식을 좋아하십니다. 그중에서 비빔밥을 잘 ~~먹으십니다.~~
드십니다

13) 내가 청소를 ~~한~~ 동안 친구는 요리를 했습니다.
하는

14) 처음 ~~보겠습니다.~~ ~~내~~ 이름은 마이클입니다.
뵙겠습니다 제

15) 지금 지갑에 돈이 ~~하나만~~ 없어요.
하나도

16과 처음 가는 길도 잘 찾을 수 있게 되었어요

1. 1) 기능　2) 이어폰　3) 알람 시계　4) 충전　5) 내비게이션　6) 동영상

2.

기본형	-았/었었어요	기본형	-았/었었어요
가다	갔었어요	*듣다	들었었어요
오다	왔었어요	*걷다	걸었었어요
보다	봤었어요	*묻다	물었었어요
읽다	읽었었어요	살다	살았었어요
먹다	먹었었어요	만들다	만들었었어요
자다	잤었어요	열다	열었었어요
만나다	만났었어요	*짓다	지었었어요
길다	길었었어요	*예쁘다	예뻤었어요
짧다	짧았었어요	*크다	컸었어요
맑다	맑았었어요	*춥다	추웠었어요
작다	작았었어요	*덥다	더웠었어요
통통하다	통통했었어요	*하얗다	하얬었어요
*마르다	말랐었어요	*까맣다	까맸었어요

3. 1) 작년에는 학원에서 수학을 가르쳤었어요. 그런데 지금은 회사에 다녀요.
2) 지난달에는 한가했었어요. 그런데 이번 달은 약속이 많아요.
3) 고향에 있을 때는 커피를 안 마셨었어요. 그런데 서울에서는 많이 마셔요.
4) 어렸을 때는 키가 작았었어요. 그런데 지금은 키가 커요.
5) 고등학교 때는 농구를 많이 했었어요. 그런데 지금은 등산을 많이 해요.
6) 대학생 때는 자유 여행을 좋아했었어요. 그런데 지금은 패키지 여행을 좋아해요.
7) 고향에서는 시골에 살았었어요. 그런데 지금은 도시에 살아요.

4.

기본형	-게 돼요	-게 됐어요/되었어요	-게 될 거예요
잘하다	잘하게 돼요	잘하게 됐어요	잘하게 될 거예요
보다	보게 돼요	보게 됐어요	보게 될 거예요
읽다	읽게 돼요	읽게 됐어요	읽게 될 거예요

먹다	먹게 돼요	먹게 됐어요	먹게 될 거예요
좋아하다	좋아하게 돼요	좋아하게 됐어요	좋아하게 될 거예요
이해하다	이해하게 돼요	이해하게 됐어요	이해하게 될 거예요
일어나다	일어나게 돼요	일어나게 됐어요	일어나게 될 거예요
알아듣다	알아듣게 돼요	알아듣게 됐어요	알아듣게 될 거예요
잘하다	잘하게 돼요	잘하게 됐어요	잘하게 될 거예요
할 수 있다	할 수 있게 돼요	할 수 있게 됐어요	할 수 있게 될 거예요
듣다	듣게 돼요	듣게 됐어요	듣게 될 거예요
걷다	걷게 돼요	걷게 됐어요	걷게 될 거예요
묻다	묻게 돼요	묻게 됐어요	묻게 될 거예요
알다	알게 돼요	알게 됐어요	알게 될 거예요
만들다	만들게 돼요	만들게 됐어요	만들게 될 거예요

5. 1) 좋아하게 됐어요 / 마시게 됐어요　2) 잘 타게 됐어요　3) 잘 마시게 됐어요
4) 만나게 됐어요　5) 힘들지 않게 됐어요　6) 잘 먹게 될 거예요
7) 잘하게 될 거예요

6.

기본형	-(으)니까	기본형	-(으)니까
가다	가니까	받다	받으니까
보다	보니까	*듣다	들으니까
오다	오니까	*묻다	물으니까
쓰다	쓰니까	*걷다	걸으니까
타다	타니까	잡다	잡으니까
그리다	그리니까	*돕다	도우니까
가르치다	가르치니까	*만들다	만드니까
먹다	먹으니까	*열다	여니까
전화하다	전화하니까	*살다	사니까
도착하다	도착하니까	*붓다	부으니까

7. 1) 전화하니까　2) 이메일을 확인하니까　3) 밖에 나가니까
4) 백화점에 가니까　5) 아침에 일어나니까　6) 일기예보를 들으니까

8. 1) 명동에 가 보니까 재미있었어요
2) 한국말을 배워 보니까 생각보다 어려웠어요

3) 한국 음식을 먹어 보니까 맛있지만 좀 매웠어요

4) 유학 생활을 해 보니까 재미있지만 조금 외로워요

5) 그 옷을 입어 보니까 저한테 어울렸어요 / 안 어울렸어요

6) 그 노래를 들어 보니까 마음에 들었어요 / 별로였어요

9. 1) 사람들에게 물어보기도 하고 지도를 보기도 해요

2) 집에서 요리하기도 하고 밖에서 먹기도 해요

3) 대학교에 가기도 하고 취직을 하기도 했어요

4) 피곤하기도 하고 아프기도 했어요

5) 비싸기도 하고 내가 좋아하는 디자인이 아니기도 했어요

6) 맛있기도 하고 회사에서 가깝기도 해요

17과 게시판에 동아리 모집 광고가 붙어 있어요

1.

기본형	-(으)ㄹ래요? / -(으)실래요?	기본형	-(으)ㄹ래요? / -(으)실래요?
가다	갈래요? / 가실래요?	신청하다	신청할래요? / 신청하실래요?
사다	살래요? / 사실래요?	*살다	살래요? / 사실래요?
타다	탈래요? / 타실래요?	*만들다	만들래요? / 만드실래요?
만나다	만날래요? / 만나실래요?	*팔다	팔래요? / 파실래요?
보다	볼래요? / 보실래요?	*놀다	놀래요? / 노실래요?
읽다	읽을래요? / 읽으실래요?	*돕다	도울래요? / 도우실래요?
먹다	먹을래요? / 드실래요?	부르다	부를래요? / 부르실래요?
쓰다	쓸래요? / 쓰실래요?	자르다	자를래요? / 자르실래요?
끄다	끌래요? / 끄실래요?	*짓다	지을래요? / 지으실래요?
보내다	보낼래요? / 보내실래요?	*붓다	부을래요? / 부으실래요?
활동하다	활동할래요? / 활동하실래요?	*듣다	들을래요? / 들으실래요?
가입하다	가입할래요? / 가입하실래요?	*걷다	걸을래요? / 걸으실래요?

2. 1) 갈래요 / 가실래요
2) 드실래요
3) 앉을래요
4) 전화해 줄래요 / 전화해 주실래요
5) 가입하지 않을래요
6) 걸을래요 / 걸으실래요
7) 마셔 볼래요 / 마셔 보실래요(드셔 보실래요)

3. 1) 신청할래요
2) 먹을래요
3) 안 갈래요
4) 만들래요
5) 들을래요
6) 지을래요, 살래요
7) 사지 않을래요

4.

기본형	-(으)ㄹ 테니까	-았/었을 테니까
가다	갈 테니까	갔을 테니까
보다	볼 테니까	봤을 테니까
읽다	읽을 테니까	읽었을 테니까
도착하다	도착할 테니까	도착했을 테니까

일어나다	일어날 테니까	일어났을 테니까
*듣다	들을 테니까	들었을 테니까
*만들다	만들 테니까	만들었을 테니까
부르다	부를 테니까	불렀을 테니까

좋다	좋을 테니까	좋았을 테니까
작다	작을 테니까	작았을 테니까
크다	클 테니까	컸을 테니까
*어렵다	어려울 테니까	어려웠을 테니까
*맵다	매울 테니까	매웠을 테니까
다르다	다를 테니까	달랐을 테니까

있다	있을 테니까	있었을 테니까
없다	없을 테니까	없었을 테니까

5. 1) 바쁠 테니까 2) 늦지 않을 테니까 3) 어려울 테니까
4) 알 테니까 5) 맛있을 테니까 6) 읽었을 테니까
7) 먹었을 테니까

6. 1) 누워 있어요 2) 타고 있어요, 들어 있어요 3) 붙어 있어요
4) 서 있어요, 앉아 있어요, 쓰여/씌어 있어요 5) 피어 있어요
6) 입고 있어요, 매고 있어요 7) 가고 있어요, 가 있어요

7. 1) 토요일이랑 일요일에 학교에 안 가요
2) 2015년이랑 2017년에 한국에 왔었어요
3) 김치찌개랑 갈비가 맛있어요
4) 진주 씨랑 사귀어요
5) 경주랑 제주도랑 부산을 여행했어요
6) 부모님이랑 / 친구랑 …… 이야기해요

18과 듣기 공부를 열심히 할 생각이에요

1. 1) 있을 생각이에요
   2) 할 생각이에요
   3) 취직을 할 생각이에요 / 대학원에 갈 생각이에요
   4) 방학을 하면 / 시험이 끝나면…… 고향에 갈 생각이에요
   5) 집에서 쉴 생각이에요 / 친구와 쇼핑을 할 생각이에요……
   6) 심리학을 / 연극 영화학을 전공할 생각이에요

2.

기본형	-아/어야겠어요	기본형	-아/어야겠어요
가다	가야겠어요	먹다	먹어야겠어요
오다	와야겠어요	*듣다	들어야겠어요
만나다	만나야겠어요	*걷다	걸어야겠어요
보내다	보내야겠어요	놀다	놀아야겠어요
*쓰다	써야겠어요	만들다	만들어야겠어요
춤을 추다	춤을 춰야겠어요	*돕다	도와야겠어요
배우다	배워야겠어요	*눕다	누워야겠어요
보다	봐야겠어요	입다	입어야겠어요
*부르다	불러야겠어요	*짓다	지어야겠어요
*자르다	잘라야겠어요	*붓다	부어야겠어요
공부하다	공부해야겠어요	벗다	벗어야겠어요

3. 1) 좀 쉬어야겠어요
   2) 열심히 공부해야겠어요
   3) 전화를 자주 드려야겠어요
   4) 소독약을 발라야겠어요
   5) 매일 한국 친구와 이야기해야겠어요
   6) 담배를 끊어야겠어요
   7) 타야겠어요

4. 1) 축구하기로 했어요
   2) 만나기로 했어요
   3) 놀이공원에 가기로 했어요
   4) 자기로 했어요
   5) 먹기로 했어요
   6) 여행을 하기로 했어요

5. 1) 자지 않기로 했어요
2) 보지 않기로 했어요
3) 마시지 않기로 했어요
4) 피우지 않기로 했어요
5) 먹지 않기로 했어요
6) 늦지 않기로 했어요 / 지각하지 않기로 했어요

6. 1) 대신에 빵
2) 대신에 운동화
3) 대신에 동생
4) 대신에 할머니
5) 대신에 배
6) 선물을 사 드리는 대신에 돈을 드리는
7) 드라마를 보는 대신에 라디오를 들어요

19과 전주가 그렇게 유명한 곳인 줄 몰랐어요

1.

기본형	-(으)ㄴ 줄 몰랐어요	기본형	-는 줄 몰랐어요	-(으)ㄴ 줄 몰랐어요	-(으)ㄹ 줄 몰랐어요
작다	작은 줄 몰랐어요	가다	가는 줄 몰랐어요	간 줄 몰랐어요	갈 줄 몰랐어요
크다	큰 줄 몰랐어요	자다	자는 줄 몰랐어요	잔 줄 몰랐어요	잘 줄 몰랐어요
바쁘다	바쁜 줄 몰랐어요	오다	오는 줄 몰랐어요	온 줄 몰랐어요	올 줄 몰랐어요
아프다	아픈 줄 몰랐어요	듣다	듣는 줄 몰랐어요	들은 줄 몰랐어요	들을 줄 몰랐어요
같다	같은 줄 몰랐어요	걷다	걷는 줄 몰랐어요	걸은 줄 몰랐어요	걸을 줄 몰랐어요
*달다	단 줄 몰랐어요	*살다	사는 줄 몰랐어요	산 줄 몰랐어요	살 줄 몰랐어요
*멀다	먼 줄 몰랐어요	*만들다	만드는 줄 몰랐어요	만든 줄 몰랐어요	만들 줄 몰랐어요
*맵다	매운 줄 몰랐어요	입다	입는 줄 몰랐어요	입은 줄 몰랐어요	입을 줄 몰랐어요
*무섭다	무서운 줄 몰랐어요	돕다	돕는 줄 몰랐어요	도운 줄 몰랐어요	도울 줄 몰랐어요
*덥다	더운 줄 몰랐어요	눕다	눕는 줄 몰랐어요	누운 줄 몰랐어요	누울 줄 몰랐어요
다르다	다른 줄 몰랐어요	부르다	부르는 줄 몰랐어요	부른 줄 몰랐어요	부를 줄 몰랐어요
빠르다	빠른 줄 몰랐어요	모르다	모르는 줄 몰랐어요	모른 줄 몰랐어요	모를 줄 몰랐어요
친절하다	친절한 줄 몰랐어요	일하다	일하는 줄 몰랐어요	일한 줄 몰랐어요	일할 줄 몰랐어요
깨끗하다	깨끗한 줄 몰랐어요	공부하다	공부하는 줄 몰랐어요	공부한 줄 몰랐어요	공부할 줄 몰랐어요

2. 1) 요코 씨가 결혼을 한 줄 몰랐어요
2) 한국 학생들이 이렇게 열심히 공부를 하는 줄 몰랐어요
3) 왕영 씨가 노래를 잘하는 줄 몰랐어요
4) 마이클 씨와 왕명 씨가 싸운 줄 몰랐어요
5) 박 선생님이 지금 호주에 계시는 줄 몰랐어요
6) 최 선생님이 병원에 입원하신 줄 몰랐어요
7) 필립 씨가 흑석동에 사는 줄 몰랐어요

3. 1) 서울에 구경할 것이 그렇게 많은 줄 몰랐어요
2) 다니엘 씨가 고향에 돌아간 줄 몰랐어요
3) 추운 줄 몰랐어요

4) 장학금을 받은 줄 몰랐어요

5) 걸릴 줄 몰랐어요

6) 결혼한 줄 몰랐어요

7) 주영 씨의 생일인 줄 몰랐어요

4. 1) 아무나 먼저 발표하세요 2) 아무 영화나 다 괜찮아요 3) 아무거나 괜찮아요

4) 아무 데서나 먹읍시다 5) 아무 데나 쓰세요 6) 아무 옷이나 다 괜찮아요

5.

기본형	-(으)면 돼요	기본형	-(으)면 돼요
가다	가면 돼요	먹다	먹으면 돼요
오다	오면 돼요	*듣다	들으면 돼요
만나다	만나면 돼요	*걷다	걸으면 돼요
보내다	보내면 돼요	*놀다	놀면 돼요
쓰다	쓰면 돼요	*만들다	만들면 돼요
춤을 추다	춤을 추면 돼요	*돕다	도우면 돼요
배우다	배우면 돼요	*눕다	누우면 돼요
읽다	읽으면 돼요	입다	입으면 돼요
부르다	부르면 돼요	*짓다	지으면 돼요
자르다	자르면 돼요	*붓다	부으면 돼요
공부하다	공부하면 돼요	씻다	씻으면 돼요

6. 1) 좋아하는 음악을 들으면 돼요

2) 약을 먹고 조금 쉬면 돼요

3) 한국 친구를 사귀면 돼요

4) 먼저 미안하다고 말하면 돼요

5) 매일 운동을 하면 돼요

7. 1) 커피라도 2) 볼펜이라도 3) 설악산이라도, 가까운 곳이라도

4) 30분이라도 5) 주스라도 6) 문자라도

20과 졸업하자마자 결혼을 하고 싶어요

1.

기본형	-(으)면 좋겠어요	- 았/었으면 좋겠어요
자다	자면 좋겠어요	잤으면 좋겠어요
보다	보면 좋겠어요	봤으면 좋겠어요
오다	오면 좋겠어요	왔으면 좋겠어요
쓰다	쓰면 좋겠어요	썼으면 좋겠어요
그리다	그리면 좋겠어요	그렸으면 좋겠어요
가르치다	가르치면 좋겠어요	가르쳤으면 좋겠어요
공부하다	공부하면 좋겠어요	공부했으면 좋겠어요
먹다	먹으면 좋겠어요	먹었으면 좋겠어요
읽다	읽으면 좋겠어요	읽었으면 좋겠어요
받다	받으면 좋겠어요	받았으면 좋겠어요
입다	입으면 좋겠어요	입었으면 좋겠어요
*듣다	들으면 좋겠어요	들었으면 좋겠어요
*묻다	물으면 좋겠어요	물었으면 좋겠어요
*걷다	걸으면 좋겠어요	걸었으면 좋겠어요
*부르다	부르면 좋겠어요	불렀으면 좋겠어요
*만들다	만들면 좋겠어요	만들었으면 좋겠어요
*열다	열면 좋겠어요	열었으면 좋겠어요
*팔다	팔면 좋겠어요	팔았으면 좋겠어요
*돕다	도우면 좋겠어요	도왔으면 좋겠어요
크다	크면 좋겠어요	컸으면 좋겠어요
많다	많으면 좋겠어요	많았으면 좋겠어요
*멀다	멀면 좋겠어요	멀었으면 좋겠어요
*길다	길면 좋겠어요	길었으면 좋겠어요
*가볍다	가벼우면 좋겠어요	가벼웠으면 좋겠어요
*덥다	더우면 좋겠어요	더웠으면 좋겠어요
*다르다	다르면 좋겠어요	달랐으면 좋겠어요
있다	있으면 좋겠어요	있었으면 좋겠어요
없다	없으면 좋겠어요	없었으면 좋겠어요
*이다	가수면 좋겠어요 학생이면 좋겠어요	가수였으면 좋겠어요 학생이었으면 좋겠어요
*아니다	아니면 좋겠어요	아니었으면 좋겠어요

2. 1) 수리 중　2) 회의 중　3) 수업 중　4) 공부 중
5) 다이어트 중　6) 운전 중　7) 운동 중　8) 샤워 중

3. 1) 가는 중이에요　2) 읽는 중이에요　3) 굽는 중이에요
4) 알아보는 중이에요　5) 찾는 중이에요　6) 갈아입는 중이에요

4.

기본형	–(으)ㄹ까 해요	기본형	–(으)ㄹ까 해요
가다	갈까 해요	먹다	먹을까 해요
자다	잘까 해요	잡다	잡을까 해요
사다	살까 해요	*듣다	들을까 해요
보다	볼까 해요	*걷다	걸을까 해요
계속하다	계속할까 해요	*놀다	놀까 해요
고치다	고칠까 해요	*열다	열까 해요
가져오다	가져올까 해요	*걸다	걸을까 해요
초대하다	초대할까 해요	*돕다	도울까 해요
부탁하다	부탁할까 해요	*눕다	누울까 해요
취직하다	취직할까 해요	(사진을) 찍다	찍을까 해요
부르다	부를까 해요	*짓다	지을까 해요
마시다	마실까 해요	*붓다	부을까 해요

5. 1) 휴대폰을 사자마자 잃어버렸어요
2) 집에 가자마자 라디오를 켜고 음악을 들었어요
3) 수업이 끝나자마자 집에 갈 거예요
4) 아기가 우유를 먹자마자 자기 시작했어요
5) 친구의 전화를 받자마자 약속 장소로 뛰어갔어요
6) 집에 돌아오자마자 문을 잠갔어요
7) 아침에 일어나자마자 물을 한 잔 마시면 건강에 좋아요

6. 1) 조용히 하세요! 지금 아기가 ~~잔~~ (자는) 중이에요.
2) 학교를 졸업할 ~~거자마자~~ (하자마자) 취직할 거예요.
3) 어제 피곤해서 집에 ~~갔자마자~~ (가자마자) 잤어요.

4) 어제 전화를 못 받아서 미안해요. 그때 목욕을 한 중이었어요.
하는

5) 혼자 살아서 외로워요. 친구와 같이 살으면 좋겠어요.
살면 / 살았으면

6) 이번 주말에는 집에서 쉬울까 해요.
쉴까

7) 저녁 식사 후에 공원을 걷을까 해요.
걸을까